골목의 전쟁

골목의 전쟁
소비시장은 어떻게 움직이는가

김영준 지음

스마트북스

골목의 전쟁
소비시장은 어떻게 움직이는가

초판 발행	2017년 10월 15일
13쇄 발행	2024년 5월 2일

지은이 김영준
펴낸이 유해룡
펴낸곳 (주)스마트북스
출판등록 2010년 3월 5일 | 제313-2011-44호
주소 서울시 영등포구 영등포로5길 19, 동아프라임밸리 1007호
편집전화 02)337-7800 | **영업전화** 02)337-7810 | **팩스** 02)337-7811
원고투고 www.smartbooks21.com/about/publication
홈페이지 www.smartbooks21.com

ISBN 979-11-85541-63-1 13320

copyright ⓒ 김영준, 2017

이 책은 저작권법에 따라 보호받는 저작물이므로 무단 전재와 무단 복제를 금합니다.

Published by SmartBooks, Inc. Printed in Korea

해 소비자는 시장을 불신할 뿐만 아니라 '저거 참 쉬워 보이니 나도 하면 돈을 쉽게 벌겠네'라는 생각으로 사업에 뛰어들었다가 큰코다치기도 한다. 그 점에서 자영업 이야기는 자영업자만이 아니라 소비자의 이야기기도 하고, 더 넓게 보면 임대인까지 얽힌 이야기이다.

골목이라는 공간

이 책에는 기본적으로 자영업에 관한 이야기들이 많다. 그러나 흔한 책들처럼 창업을 하려면 알아야 할 기술적이고 전문적인 내용을 다루고 있지 않다. 이 책은 자영업과 우리의 소비가 이뤄지는 골목에 관한 이야기다. 골목의 상업환경이 어떤 흐름으로 변화하고, 어떠한 메커니즘으로 자영업이 탄생하고 망하며, 왜 그러한 가격을 가지게 되었는지에 대한 내용으로 구성되어 있다. 그 점에서 자영업과 소비, 그리고 그것이 이뤄지는 골목이란 공간에 대한 책이다. 따라서 자영업에 관심 있는 분들에게 도움이 될 것이다.

8장에서 다루겠지만, 자영업의 문제는 곧 일자리의 문제이기도 하다. 많은 임금 노동자들은 잠재적인 자영업자이기도 하며 실제로 일부가 그렇게 전환되기도 한다. 나는 절박한 사람들에게 싸구려 성공 스토리를 팔고 싶은 생각은 없다. 그런 성공을 거둔 사람은 전체의 1%도 되지 않으며, 대부분 잘 포장된 것이란 점에서 귀감이 되지 못한다. 3장에서 다루는 내용이 바로 그것이다.

대부분 쉽게 망해버리고, 정말 잘해야 자신의 터전을 지킬 수 있는 상황에서는 성공 스토리가 무의미하다. 그렇다면 왜 그렇게들 쉽게 망하는지에 대한 이해가 필요하다. 2장과 8장의 내용이 바로 그것이다. 2장은 왜 기회로 보이는 것들이 알고 보면 위기인지 보여주며, 8장은 좀 더 구조적인 문제를 다루고 있다.

같은 고민을 가진 우리들을 위해

소비자 입장에서도 도움이 될 내용들이 많다. 소비자인 우리는 생산자들이 책정한 가격에 대해 불신하고 있다. 커피부터 시작된 이러한 불신은 최근에는 치킨까지 그 범위가 확산되었다. 이런 불신은 시장에서 좋은 생산자들을 사라지게 만들고, 오직 저가, 저질 상품을 만드는 생산자들만 남게 만든다. 왜 그러한 일이 벌어지는지 1장에서 간략하게 다루고 있다.

가격 책정의 원리에 대해서는 관심을 가지지 않고, 누군가가 나에게 폭리를 취한다고 여기는 것은 소비자에게 도움이 되지 않는다. 결국 이러한 불신 때문에 소비자들은 기껏 돈을 내고 저질 상품을 소비하게 되고, 이런 상황에서 이득을 보는 것은 불신을 조장한 자들뿐이기 때문이다. 4장은 그러한 가격 메커니즘을 다루고 있으며, 이를 통해 왜 가격이 그렇게 정해질 수밖에 없는가를 설명한다.

5, 6, 7장은 공간에 관한 내용들이다. 5장에서는 시장이라는 비가시적 영역의 변화가 물리적 공간에 어떠한 변화를 미치는지를 다루고 있으며, 6장과 7장은 물리적 공간인 상권에 대해 이야기한다. 특히 7장은 현재 문제로 떠오른 젠트리피케이션에 대해 설명한다.

우리는 잘못된 통념에서 벗어나야 한다. 이 책은 우리가 일반적으로 알고 있는 통념에 반하는 내용들을 많이 담았다. 존재하지도 않는 가상의 악을 만들어 욕하는 건 쉽다. 그러나 그것이 우리에게 어떤 도움이 될까? 이 책이 소비자가 시장을 이해하는 데, 생산자가 자신이 무엇을 하는지를 아는 데 도움이 되었으면 한다. 서로의 간극이 좁아질수록 양자의 경제적 효용은 증가한다. 이 간극이 크고 멀수록 양쪽이 누렸어야 할 경제적 효용을 갉아먹고 이득을 보는 자들이 늘어난다. 그런 의미에서 이 책이 생산자와 소비자가 시장을 이해하고 자기 밥그릇을 명확하게 챙기는 데 도움이 되었으면 하는 바람이다.

2017년 9월 김영준

차 례

머리말 · 5

Part 1 우리가 몰랐던 시장의 진실

누가 대만 카스텔라를 죽였는가	16
부자 아빠 지망생들은 왜 실패만 경험할까	19
무지와 분노의 연쇄효과	22
내 몫을 지키기 위한 진실	26

Part 2 기회로 위장한 위기

유행의 시작과 종말 사이클	32
유행 아이템이 실패하는 이유	41
시장을 황폐화하는 카피캣	47
대박의 저주	51
그 많던 연어 무한리필점은 어디로 갔을까	58
경리단길에서 추로스가 잘 팔린 까닭	64

 ## 성공한 사람들이 말하지 않는 진짜 비밀

성공 스토리와 합리적 의심	68
운 vs 실력	73
성공이라는 결과가 성공의 원인	77
아이템 만능주의의 함정	83
오래 버티다가 성공하기도 한다	89
소비자는 매우 자주 틀린다	96
'운칠기삼'의 진짜 의미	100

 ## 별다방 커피가 비싼 이유

제대로 아는 사람은 드문 원가의 개념	104
재료비와 가격의 비율	110
우리나라는 왜 식료품이 비쌀까	114
가격 헬적화의 진실	121
대형 프랜차이즈가 골목 상권을 망친다?	128

 ## 추격당하는 작은 가게들

대량생산품의 추격과 경쟁	138
영세함의 상징이 되어버린 '수제'	144
프랜차이즈의 어두운 면	149
전통시장의 쇠락이 주는 교훈	152

Part 6 상권이 움직이는 방식

최적의 입지는 어디일까 160
걷는 자가 상권을 흥하게 하리라 164
골목은 어떻게 상가로 변할까 167
다양성이 사람들을 모이게 한다 171
부동산 중개업소와 옷가게는 왜 큰길에 있을까 175
이면도로와 골목길의 중요성 179
강남역은 왜 재미가 없을까 186
갈수록 낮아지는 대로의 가치 189

Part 7 젠트리피케이션의 역학관계

대형 프랜차이즈가 상권과 건물의 가치를 올릴 수 있을까 196
리스크를 대하는 태도와 상권의 관계 200
상업지역의 젠트리피케이션 현상 205
상권 황폐화와 권리금 212

 ## Part 8 '어쩌다 자영업자'가 되는 사람들

우리 동네 치킨집 사장님은 무슨 일을 했을까	222
자영업 문제는 일자리 문제	227
금융 접근성의 상실	230
늘어난 노동시간과 줄어든 소비여력	233
노오력은 통하지 않는다	237
이러나 저러나 대리인 문제	242
과도한 낙관에 빠진 투기자들	247
나이 든 사람이 사업을 시작하면 쉽게 망하는 이유	252

 ## Part 9 현재와 다가올 미래

IMF와 외환위기는 무죄	258
자영업 지옥과 맬서스 트랩	264
폐업률 80%의 비밀	270
종말론을 넘어서	274
희망적인 전망	280

●주	284
●참고자료	286

우리가 몰랐던
시장의 진실

Part 1

누가 대만 카스텔라를 죽였는가

부자 아빠 지망생들은 왜 실패만 경험할까

무지와 분노의 연쇄효과

내 몫을 지키기 위한 진실

누가 대만 카스텔라를 죽였는가

 2017년 3월, 채널A의 〈먹거리 X파일〉에서 '대만 카스텔라' 편을 방송했다. 이 방송은 사회적으로 큰 파장을 일으켰다. 빵을 만들 때 쓰는 유지는 일반적으로 버터, 쇼트닝, 마가린, 식용유 등인데 이들은 모두 정상적인 재료이다. 그런데 이 방송은 식용유 사용을 부도덕하고 잘못된 것인 양 프레임을 잡아서 대만 카스텔라를 나쁜 식품으로 몰아갔다. 업계에서는 항변을 쏟아냈고, SNS에서도 식품 전문가들이 방송의 문제점에 대해 날 선 비판을 가했지만, 결국 대만 카스텔라는 큰 타격을 받았다.

그렇다면 여기서 생각해보자. 대만 카스텔라를 망하게 한 것은 누구인가? 위의 논란만 고려하자면 〈먹거리 X파일〉이 몰락을 부른 것처럼 보인다. 그러나 이는 사실이 아니다.

대만 카스텔라는 2016년만 해도 사람들이 20~30분씩 줄을 설 정도로 대단한 인기를 끌었다. 그러나 2017년 1월부터 조짐이 보였다. 겨울이긴 했지만, 매장 앞에 줄을 서 있는 모습을 보기가 힘들어졌다. 그 점에서 보자면 〈먹거리 X파일〉은 그저 수명을 앞당겼을 뿐이다.

짧고 거대했던 몰락의 진범은 누구일까

대만 카스텔라는 레시피가 단순해 누구나 쉽게 만들 수 있고, 진입장벽이 낮고 카피가 쉬웠다. 그러다 보니 프랜차이즈 본사는 수익을 극대화하기 위해 다른 경쟁자보다 가맹점을 더 많이 늘려야 했다. 이 점에서 프랜차이즈 본사가 몰락의 첫 번째 진범이다.

두 번째는 바로 그 폭발적인 증가세에 참가한 가맹점주이다. 대만 카스텔라 가게들이 특정 기간 동안 얼마나 늘어났는지에 대한 자료는 없지만, 브랜드 수의 추이로 그 증가세를 추정해볼 수 있다.

공정거래위원회(이하 공정위)의 자료에 따르면 '대만 카스텔라'라는 이름을 단 업체가 처음 등장한 것은 2013년 3월이다. 이후 2016년 6월까지 3년 3개월 동안 '대만'이나 '대왕'이란 이름을 단 카스텔라 브랜드는 겨우 4개에 불과했다. 그런데 2016년 선풍적인 인기를 끌자 브랜드

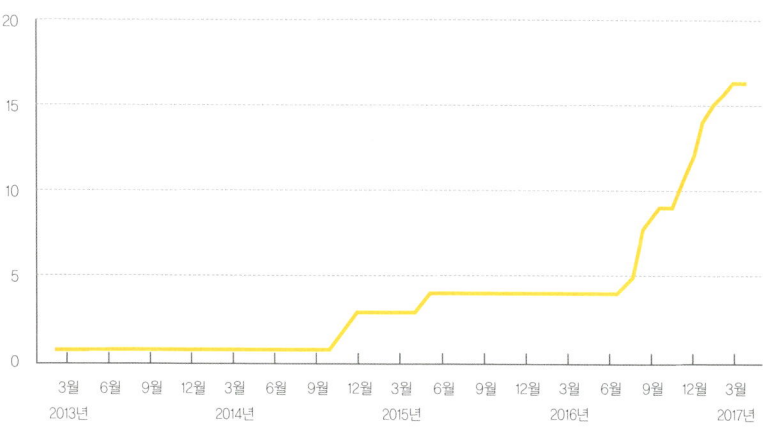

대만 카스텔라 브랜드 증가 추이   단위: 개 | 자료: 공정거래위원회 가맹사업정보제공시스템

가 급격하게 증가하여 16개에 달했다. 그중 3/4인 12개 업체가 2016년 하반기 이후에 탄생한 곳들이다.

    2016년 11월에 사업자등록을 한 모 업체의 경우, 그해 신규 창업 점포 수만 83개로 나온다. 2개월도 안 된 업체의 가맹점이 하루에 하나 이상 늘어났다는 것이다. 이것이 상식적으로 정상적인 확장 속도라고 할 수 있을까?

    프랜차이즈 사업 확장의 핵심은 새로 사업을 하겠다고 몰려오는 희망 가맹점주 모집에 달려 있다. 대만 카스텔라의 폭발적 성장은 단기적으로 눈에 보이는 대박에 취해 몰려든 가맹점주들이 있었기 때문에 가능했다. 그런데 가맹점이 단기간에 지나치게 급증하면 점포당 수익은 하락할 수밖에 없다. 결국 앞뒤 가릴 것 없이 뛰어들었던 가맹점주들이 몰락의 두 번째 진범인 셈이다. 즉 대만 카스텔라는 아이템과 브랜드의 몰락은 특정 방송에 의한 타살이 아니라 그 사업에 몸담고 있었던 사람들에 의한 자살이라고 볼 수 있다.

부자아빠 지망생들은
왜 실패만 경험할까

 1997년 로버트 기요사키가 출간한
『부자아빠 가난한 아빠』는 전 세계적인 베스트셀러이다. 우리나라에서는 2000년에 번역본이 나왔는데, 그 무렵 재테크 책이 드물었던데다 다소 노골적인 제목 덕분인지 초대형 베스트셀러가 되었다.

이 책은 당시 많은 직장인들에게 깊은 인상을 남겼다. 불과 몇 년 전, 국민 모두가 IMF 외환위기로 인해 경제적 타격을 경험했기에, 부자 아빠와 가난한 아빠의 대비는 더욱 인상 깊었던 듯하다. 사람들이 재테크와 월급 외의 부가적인 소득을 본격적으로 꿈꾸기 시작한 것도 이 즈음이었다.

그런데 20년이 된 지금, 무엇이 얼마나 바뀌었을까? 물론 부자 아빠의 꿈을 이룬 사람도 있겠지만, 부자는커녕 경제적 손실을 입은 사람들이 그보다 많다.

사람들은 '단기 고수익', '대박신화', '젊은 부자'와 같은 말에 쉽게 현혹된다. 그런데 단기간의 고수익에는 언제나 치명적인 위험이 내포되어 있다.

앞서 소개한 대만 카스텔라가 좋은 예다. 2016년 하반기 이후에 뛰어든 이들 중에서 이 사업이 5년, 10년 갈 거라고 생각한 이가 몇이나 될까? 극히 드물 것이다. 그저 20~30분씩 줄을 서는 사람들을 보고, 하루 매출을 대략 짐작하며, 가맹비와 인테리어비를 얼마 만에는 뽑겠구나 하는 단순한 계산으로 결정을 내린 것이다. 인기가 지속되지 않더라도, 내가 하는 동안만 괜찮으면 수익을 뽑고 권리금 인상분까지 챙길 수 있으니, 단기에 수익을 챙겨 나오기에는 좋다고 판단한 것이다. 물론 프랜차이즈 본사의 담당자들이 이런 식으로 권유했을 가능성도 있다. 그런데 예상치도 못한 사건으로 인해 그전에 주저앉아버린 것이다.

누구나 나름대로 계획은 있었다

대만 카스텔라 사업에 뒤늦게 뛰어든 사람들은 성실하게 돈을 벌려고 했을 뿐인데 방송이 망쳤다고 주장할 수도 있다. 그러나 앞서 살펴봤듯이, 시작부터 잘못된 길에 뛰어들었던 것이다. 그것을 알지 못한다면 앞으로 무엇을 하든 비슷한 패턴에 빠질 수밖에 없다.

달리 표현하자면, 어찌 되었건 내가 팔기 전까지는 버블이 꺼지지 않기를 바라는, 도박에 가까운 투기행태를 벌이는 것과 크게 다를 바 없다. 이것은 대만 카스텔라뿐만 아니라 모든 사업에서 동일하게 벌어지는 현상이다.

주식시장에는 이런 현상이 비일비재하게 일어난다. 단기간에 급등하는 종목을 보고 뛰어들어서, 내가 이 종목을 팔기 전까지 오르기만을 바라고 버틴다. 그런데 대개 이런 종목들은 급등한 만큼 급락하기 마련이다. 그래서 사건이나 뉴스로 인해 원래 정한 탈출시점보다 더 빨리

머리말

국수와 파스타

10년 전만 해도 남성 비율이 높은 온라인 커뮤니티에선 파스타에 대한 불만 글을 쉽게 볼 수 있었다. 양도 적고 가격만 비싼 이탈리아 국수를 왜 먹는지 모르겠다는 것이었다. 국수는 3~4천원이면 배부르게 먹을 수 있다고 비교하면서, 1만원에 팔리는 파스타는 거품이며 허영이라는 것이었다.

    요즘은 이런 사람들이 많이 줄어들긴 했다. 아마도 세상이 바뀐지 모르는 '아재'들만 여전히 파스타의 가격과 양에 대해 어디선가 자기들끼리 성토하고 있을지도 모르겠다. 우선 국수와 파스타의 가격 비교는 완전히 잘못된 것이다. 둘은 투입되는 재료의 양도 차이가 있고 제조방법도 다르다.

그들은 왜 파스타 가격에 분노하는가

국수가 싼 이유는 재료가 저렴하고 대량생산에 특화된 메뉴이기 때문이다. 국수는 육수가 기본인데 여기에는 멸치와 다시마 등이 주로 쓰인다. 이렇게 미리 국물을 내어 놓으면 기본적인 준비는 끝나고, 주문이 들어올 때마다 기계로 뽑은 면을 삶아서 국물과 함께 내면 된다.

파스타의 경우는 들어가는 재료부터 비싸다. 토마토 파스타에 쓰이는 토마토는 모두 수입산이다. 국내산 토마토는 생으로 먹는 품종이라 진한 맛이 제대로 나지 않기 때문이다. 다른 재료들도 어지간하면 수입산이라 기본적인 가격 자체가 높을 수밖에 없다. 그리고 국수는 미리 육수를 대량으로 끓여두면 되지만 파스타는 그것이 불가능하다. 주문이 들어오면 그때부터 만들기 때문에 시간도 좀 더 걸리고 한 그릇을 만드는 데 노동도 더 많이 든다.

게다가 국수집은 허름하고 합석도 용인되는 분위기지만, 파스타집은 아니지 않은가? 바로 이런 차이가 있기에 국수와 파스타가 그 정도의 가격 차이를 보이는 것이다. 파스타에 대해 그토록 분노하며 '왜 이리 비싼지 모르겠다'라고 했던 사람들은 바로 이 차이를 몰랐기 때문이다. 더군다나 면 요리에 대한 가치판단 기준이 양과 가격 두 가지 요소 밖에 존재하지 않기에, 그것으로만 판단하려니 이해가 되지 않아서 화를 냈던 것이다. 많은 사람들이 이러한 판단의 오류를 쉽게 범한다. 소비자뿐만 아니라 생산자도 자기 영역 밖의 일에 대해서는 이러한 오류를 저지르는 것을 간혹 보게 된다.

소비자와 생산자의 오해는 이런 이해의 차이에서 발생한다. 그로 인

폭락해버리면 손실을 보게 된다. 앞선 사례와 매우 유사한 흐름이다.

어쩌다 운 좋게 좋은 수익을 거두고 탈출하는 사람들도 있지만, 그들이 앞으로도 계속 수익을 거둘 수 있다고 장담할 수 있을까?

부자 아빠가 되려는 것은 나쁜 것이 아니다. 나와 가족이 더 나은 물질적 혜택을 누리고 싶은 것이 공통된 마음이다. 다만 그 방법이 잘못되었고, 많은 사람들이 잘못된 방법을 추종하고 있는 것이 문제다. 지금도 사람들은 여전히 '단기 고수익', '대박', '성공', '신화' 등과 같은 표현에 홀려 선택을 한다. 물론 여기에 유혹되는 사람들도 나름의 계획은 있다. 그러나 당대 최고의 스타 복서였던 마이클 타이슨은 "누구나 계획이란 걸 가지고 있다. (나한테) 얻어맞기 전까지는 말이다"라고 말했다. 이처럼 현실과 운의 변덕에 부딪히는 순간 그 모든 계획은 쉽게 끝장이 나버리고 만다.

이것이 부자 아빠가 되려는 참 좋은 사람들이, 부자가 되기는커녕 경제적 손실을 보게 되는 근본적인 원인이다. 표현상 아빠라 했지만 사실 이는 엄마, 그리고 자녀들도 모두 마찬가지다.

많은 사람들이 이때까지의 실패를 똑같이 저지를 확률을 줄이려면 그와 반대로 행동해야 한다. 표면적으로 드러난 결과만 보고 거기에 현혹되어 열광할 것이 아니라 냉정하게 이면을 살펴봐야 한다. 이어질 내용은 바로 그 이면과 돌아가는 방식, 원리에 관한 것이다.

무지와 분노의 연쇄효과

 대부분의 사람들은 보이는 현상에 대해 쉽게 분노를 터트리고, 상대방이 나를 이용해 폭리를 취하고 이용한다고 단정한다. 심지어 어떤 기사들은 이를 부추기기도 한다. 10년 전부터 매년 분노의 대상이 되어온 커피의 원가 문제가 대표적인 예다. 1잔에 4,000원 하는 커피에 들어가는 원두의 가격은 '겨우' 400원에 불과하며, 커피 전문점들이 폭리를 취한다는 것이 이 오래된 레퍼토리의 내용이다.

그러나 이것은 분노한 소비자들이 비용구조를 잘 몰라서 생긴 오해이다. 물론 열광과 분노가 잘못된 것은 아니지만, 이러한 부추김에 의한 열광과 분노는 대부분 그 방향이 잘못되어 있다. 그리고 방향이 잘못된 분노는 시장 전체와 소비자 본인에게 피해를 입힌다.

우리 스스로가 만든 레몬시장

경기순환을 다룬 『호황 vs 불황』이란 책에서는 이러한 분노와 흥분이 시장과 그 참여자 전체에게 얼마나 큰 피해를 입히는지 보여준다. 이를 이해하기 위해서 먼저 '레몬시장'에 대해 알아보자.

2001년 노벨경제학상 수상자인 조지 애커로프는 1970년의 논문에서 중고차 시장의 사례를 통해 레몬시장에 대해 이야기한 바 있다. 내용인즉 이렇다. 중고차 시장에서 소비자는 더 좋은 차를 싸게 사길 원한다. 그러나 차의 품질을 잘 알 수 없으니 어떤 차든 일단 가격을 깎고 본다.

그런데 중고차 판매자 입장에서는 품질이 좋은 중고차도 소비자가 가격을 후려치려고만 들기에, 좋은 물건을 시장에 내놓기 꺼리게 된다. 그러다 보면 시장에는 질 나쁜 중고차만 넘쳐흐르게 되고, 소비자들도 가격을 열심히 깎아봤자 저질 상품을 사갈 수밖에 없다. 이처럼 단것(좋은 품질의 상품)은 없고 너무 신것(저질 상품, 레몬에 비유)만 가득한 상태를 '레몬만 가득한 레몬시장'이라고 한다.

『호황 vs 불황』의 저자인 군터 뒤크는 한 발 더 나아가 소비자의 불신이 모든 시장을 레몬시장으로 만들 수 있다고 한다. 앞서 예로 든 '4,000원짜리 커피의 원가는 400원이다!'라는 기사를 접하고, 소비자들이 분노하고 가격을 불신하는 상황이 발생했다고 하자. 그들은 생산자에게 날을 세우고 가격을 깎거나 인상을 통제하고, 유료 서비스를 무료로 달라고 요구하기도 한다. 즉 생산자를 나에게 사기 치려는 대상으로 여기고 최대한 이득을 뽑아내려는 식으로 대처하는 것이다.

이런 시장에서는 정상적인 상품을 정상적인 가격에 제공하는 생산자가 피해를 입을 수밖에 없다. 나름 스마트한 소비를 하겠다고 나선 소비자들이 정상적인 생산자의 적으로 돌변하는 셈이다. 반면 질 낮은 상품을 저렴하게 공급하는 생산자들이 이득을 본다. 소비자들은 품질을 판별할 수 없을 때, 가격을 상품을 판별하는 단일 요소로 삼고 더 싼 것만 찾기 때문이다.

이제 원래 정상 상품을 생산하던 생산자들도 수익성이 갈수록 떨어져서 저질 상품 생산에 합류할 수밖에 없게 된다. 그 결과 시장에는 저질 상품만 넘쳐흐르고 소비자들도 저질 상품만 소비하게 된다.

한편 저질 상품이 범람하는 반면, 고가시장은 그 지위를 더욱 확고히 한다. 고가 브랜드 상품은 소비자가 유일하게 신뢰할 수 있는 요소이므로 가치가 더 높아진다. 군터 뒤크는 시장이 아주 고가의 상품과 저가의 저질 상품으로 극단적으로 양분화되며, 중간이 사라지는 현상이 발생한다고 지적한다.

여기까지 오면 저질 상품 판매자들은 온갖 이상한 수식어, 품질을 담보하는 듯한 애매모호한 표현, 사실과는 다른 내용 등으로 소비자들을 혼란에 빠지게 만들고, 이 악순환은 계속 반복된다. 결국 생산자는 수익성도 낮은 저질 상품만 계속 팔고, 소비자는 소비자대로 돈은 돈대로 주면서 저질 상품만 소비하는 최악의 상황에 빠진다.

군터 뒤크는 이처럼 시장 전체가 레몬시장으로 변화하는 과정이 경기 하강 국면에서 발생한다고 했지만, 만약 특정 시장의 신뢰도가 기본적으로 매우 낮다면 경기 하강 국면이 아니어도 이러한 현상은 일상적으로 일어나게 된다.

한때 범람했던 '착한 가격', '착한 식당'과 같은 표현들이 바로 그 예이다. '착한'이란 수식어가 품질이 아니라 가격과 양에 기반했으며, 그 '착한'의 기준에는 오직 소비자의 입장만 있었다. 실상은 '더 싸게, 더 많이'라는 방식으로 생산자를 압박하는 것인데, '착한'이라는 표현을 붙인 것뿐이었다. 이는 군터 뒤크가 이야기한 시장 전체의 레몬화에도 완벽하게 부합하는 모습이다.

부메랑이 되어 돌아오는 무지와 불신

무지로 인한 불신은 소비자와 생산자 양쪽을 더 각박하고 괴롭게 만든다. 당장은 가격을 깎고 더 많은 것을 얻어내는 행위가 '나를 속이고 이용하려는 자들에게서 더 많은 것을 얻어냈다'는 성취감을 줄 수도 있지만, 그 행위는 소비자에 의한 생산자 착취이며 이로 인해 정상적인 생산자는 줄어들 수밖에 없다. 이것이 레몬시장과 군터 뒤크의 이론이 우리에게 던져주는 시사점이다.

무지로 인한 분노와 불신은 결국 소비자인 내가 누릴 수 있는 이익을 줄이는 동시에, 좋은 생산자들이 시장에서 사라지게 만든다. 우리가 더 이상 '무지'의 상태에서 머물러서는 안 되는 이유이다.

내 몫을 지키기 위한 진실

 잘못된 분노를 조장하는 것은 대체 누구일까? 이들은 왜 분노를 조장하는 것일까? 대부분의 경우 분노를 조장하는 쪽에 이득이 되기 때문이다.

〈먹거리 X파일〉을 예로 들어보자. 시청률과 조회수가 그들이 거두는 매출의 근간이다. 더 많은 사람이 보게 하고 더 많은 관심을 끌어들이기 위해서는 자극적인 소재가 더 유용하다. 그래서인지 과거에도 끊임없이 그런 소재들을 다뤄왔고, 그 과정에서 사실 왜곡과 인터뷰 조작, 지나친 과장 등으로 논란을 불러일으켰다. 업체들은 말 그대로 직격탄을 맞았고, 소비자들도 그들을 불신 가득한 눈으로 바라볼 수밖에 없었다.

이러한 불신은 소비자와 생산자 양쪽에 피해를 입힐 수밖에 없다. 이 과정에서 이득을 본 곳은 바로 자극적인 소재로 불신을 유발한 방송이 아닐까? 방송뿐만이 아니라 다양한 분야, 때로는 사업자도 소비자에게 불안과 불신을 자극하는 방식으로 이득을 취하기도 했다. 이런 현상은 지금도 곳곳에서 쉽게 볼 수 있다.

실제로 '무지에 의한 분노 전략'은 생산자들도 종종 이용한다. 흔히 볼 수 있는 '무(無) 마케팅'이 바로 그것이다. 대부분의 무 마케팅이 소비자들에게 전달하고자 하는 내용을 요약하면 다음과 같다.

'저희는 이렇게 복잡한 이름의 위험해 보이는 화학물질 같은 첨가물을 넣지 않았습니다. 그러니 우리 상품이 좀 더 안전하겠죠?'

우리는 이런 것을 안 넣지만 다른 경쟁자들은 쓰고 있을지도 모른다는 것을 암시한다. 무 마케팅은 시장 전체의 불신을 키움으로써 자사 상품의 가치를 돋보이게 하는, 일종의 초토화 마케팅이나 다름없다. 결국 너도나도 '우리도 이거 안 넣습니다'라는 해명을 하기에 바빠진다.

그런데 무 마케팅에서 '안 넣는다'는 것들이 사실 별 문제가 없는 경우가 제법 있다. 남양유업은 2011년에 무지방 우유를 넣은 인스턴트 커피 광고에서 '카세인나트륨을 넣지 않았다'며 대대적으로 광고했다. 하지만 카세인은 우유 단백질이며, 단백질을 물에 잘 녹게 만들기 위해 나트륨과 결합한 것이 카세인나트륨이고, 이것은 인체에 무해하다.

일반적으로 'ㅇㅇ를 넣지 않았다'라고 하면 사람들은 몸에 좋지 않은 것이라 여기기 마련이고 오해하기 쉽다. 이에 대해 남양유업 측은 카세인나트륨이 몸에 해롭다고 한 적이 없다고 해명했지만, 결과적으로 똑같은 것임에도 '우유 단백질을 넣지 않았다'라는 말과 '카세인나트륨을 넣지 않았다'라는 말은 전혀 다르게 들린다.

잘못된 사실과 정보에 기반하여 분노를 조장하는 자들이 이득을 보는 일을 줄여야 한다. 잘못된 분노야말로 소비자와 생산자 모두에게 심각한 피해를 입히며, 우리가 잘못된 선택을 하는 원인이 된다. 그러므로 냉정함을 찾고 현상에 대해 정확히 알고 이해해야 한다. 그래야 싸구려 분노를 유도하고 그것으로 돈을 버는 사람들이 눈에 보이기 시작할 것이다.

진실을 알아야만 보이는 시장

우리는 학교, 직장, 집, 휴양지 등에서 다양한 상품을 소비한다. 그런데 많은 돈을 쓰고 있으면서도 상품에 대해 아는 것이 별로 없다. 더 현명한 소비자와 생산자가 되어 시장의 수익성을 지키고 가정의 경제적 손실을 줄이려면 냉정한 눈으로 소비시장을 바라보고 이해해야 한다.

누군가 당신을 이용하려는 것을 피하고 싶다면 진실을 알아야 한다. 당신이 보고 싶은 것만 볼수록, 당신을 이용하려는 자들은 그것을 적극적으로 활용한다. 2016년 유사투자자문회사 스캔들 때, 이들은 사람들이 보고 싶어하는 것만 보여주며 철저히 이용했다. 여기에 속아 넘어간 사람들은 그 대표가 하는 말과 행동의 진위를 파악하기보다는, 그가 보여주는 고급 차와 호화로운 생활을 보고 섣불리 믿어버렸다. 이런 일은 작은 돈을 쓰는 일상생활에서도 벌어진다. 소비자와 판매자 간에 불신이 깊어질수록 양자가 누릴 수 있는 이익은 줄어든다. 우리가 소비자로서의 권리를 지키고 손해를 보지 않으려면, 양쪽을 이간질하는 자들이 외치는 달콤한 유혹을 넘어 진실을 바라봐야 한다.

이 책이 다룰 내용들은 바로 소비자와 생산자 간의 간극으로 그동안 외면해왔던 사실들이다. 때로는 소비자의 무지가 불신을 낳아 스스로의 편익을 갉아먹는가 하면, 생산자들이 지키고자 했던 유인들이 시대가 변하여 스스로를 옭아매는 상황을 낳기도 한다. 바로 그런 원인들을 이해하고 불신을 깨고 서로 신뢰도를 높이면 결국 우리가 얻을 수 있는 보상도 커지는 법이다. 그런 점에서 이 책은 소비자로서, 그리고 생산자로서 나의 몫을 지키는 신뢰에 관해 말하는 책이라 봐도 될 것이다.

마이클 루이스의 논픽션이자 동명의 영화로도 개봉되었던 〈빅쇼트〉는 주인공들이 2008년 금융위기가 오기 이전에 어떠한 방법으로 금융시장의 문제를 발견하고 투자했는지를 보여준다. 이들은 금융시장의 문제를 파악하기 위해 무엇을 했을까? 그저 주변을 둘러보고 들여다보고 관찰했을 뿐이다. 이제부터 우리도 소비시장에 대해 본격적으로 들여다보고 관찰해보자.

기회로 위장한 위기

Part 2

유행의 시작과 종말 사이클

유행 아이템이 실패하는 이유

시장을 황폐화하는 카피캣

대박의 저주

그 많던 연어 무한리필점은 어디로 갔을까

경리단길에서 추로스가 잘 팔린 까닭

유행의 시작과 종말 사이클

패션에 유행이 있듯이, 소비시장과 자영업에도 유행이 있다. 그동안 우리는 무수히 많은 가게들이 유행을 따라 엄청나게 증가하고, 또 순식간에 사라지는 모습을 목격해왔다.

예를 들어 2000년대 초반에는 찜닭 가게가 전국 번화가에서 쉽게 찾아볼 수 있을 만큼 많았지만, 어느 시점이 지나자 순식간에 급감했고, 지금은 찾아보기가 쉽지 않다. 그 이후에도 수타면, 와인숙성 삼겹살, 빙수, 벌집 아이스크림, 마카롱, 무한리필 연어, 가장 최근의 대왕 카스텔라, 뽑기 인형, 핫도그까지 …. 유행은 언제나 뜨겁게 타오르고 순식간에 사라진다.

자영업의 유행 사이클은 주식시장의 사이클과도 유사하다. 주식시장에서는 어떤 주식이 관심을 받다가 열광적인 주식이 된 후 하락하면서 무관심한 주식으로 변한다. 이를 '붐-버스트 사이클'이라고 한다.

주식의 이익 전망에 따른 흥망성쇠의 붐-버스트 사이클을 잘 설명하는 모델이 '이익 예상 라이프사이클(the earnings expectation lifecycle)'이다. 이는 뱅크오브아메리카와 메릴린치의 수석 투자전략가이자 투자 거장인 리처드 번스타인이 그의 책 『스타일 투자전략』에서 소개한

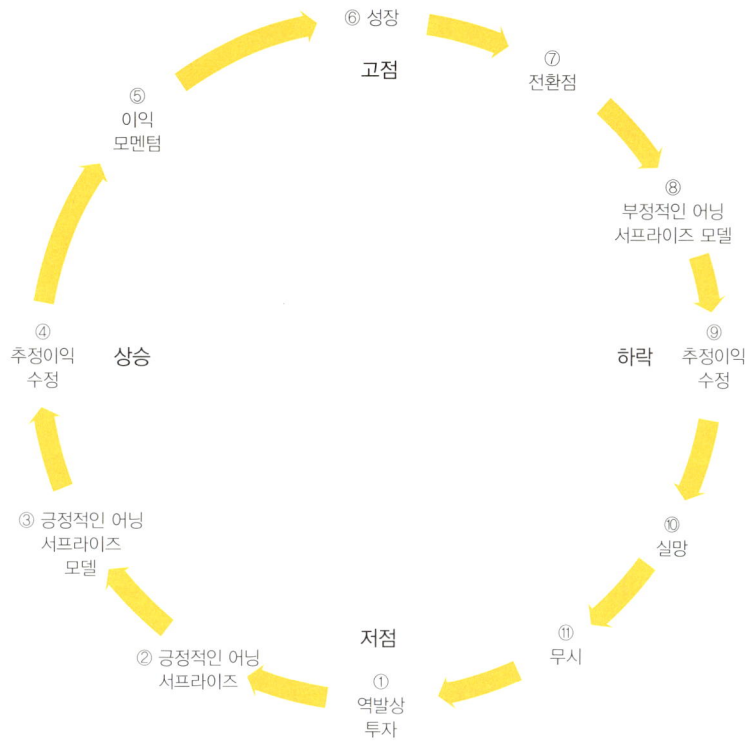

이론이다.

이익 예상 라이프사이클은 기업의 이익실적에 따라 미래이익 추정을 수정하며, 기업 이익과 그에 따른 투자자들의 반응을 연결지은 이론이다. 이 라이프사이클의 대략적인 흐름은 다음과 같은데, 역발상 투자부터 무시까지 총 11단계가 있다.

1. 역발상 투자자들이 아무도 관심을 가지지 않는 주식에 투자하기

시작한다.
2. 이후 이 주식에서 긍정적인 이익 실적이 나온다.
3. 분석가들도 이 기업의 실적에 따라 이익 전망을 개선한다.
4. 기업의 이익 전망이 개선됨에 따라 투자자들의 관심이 몰리고 주식 가격은 상승한다.
5. 주식 가격이 계속 상승하고, 이익 추정치가 계속 개선되며, 투자자들의 관심도 늘어간다.
6. 이익 추정치가 최고점에 이를 때, 투자자들의 관심은 극대화되며 이러한 성장이 영원히 지속될 것이라 생각한다.
7. 이렇게 높아진 기대치에 미치지 못하는 실적이 발표된다.
8. 시장은 실적에 실망하고 그에 따라 주가가 하락하며, 이익 전망도 하향 조정된다.
9. 이익 전망이 꾸준히 하향하면서 시장의 실망감은 더 깊어간다.
10. 결국 장기간 실망스러운 실적이 발표되며, 이 주식은 시장에서 소외당하고 관심에서 멀어진다.
11. 결국 아무도 거들떠보지 않는 주식이 된다.

앞의 11단계를 보면 알 수 있듯이, 이익 예상 라이프사이클은 수익성이 개선됨에 따라 시장의 관심과 기대를 얻고, 그에 비해 수익성이 미치지 못하는 순간이 오면 시장의 관심이 식어버리고 몰락하는 과정을 잘 보여주고 있다.

리처드 번스타인은 이 이론을 개별 주식과 자산군에 사용할 수 있다고 했지만, 나는 이 모델이 자영업 유행의 흥망성쇠를 설명하는 데도 매우 유용하다고 생각한다. 그래서 약간의 수정을 가하여 자영업의 유행에 대해 설명하고자 한다.

소비자 관심 라이프사이클

이익 예상 라이프사이클은 기업 이익과 그에 대한 기대로 반응하는 투자자의 움직임을 다루었다. 이 모델을 응용한 '소비자 관심 라이프사이

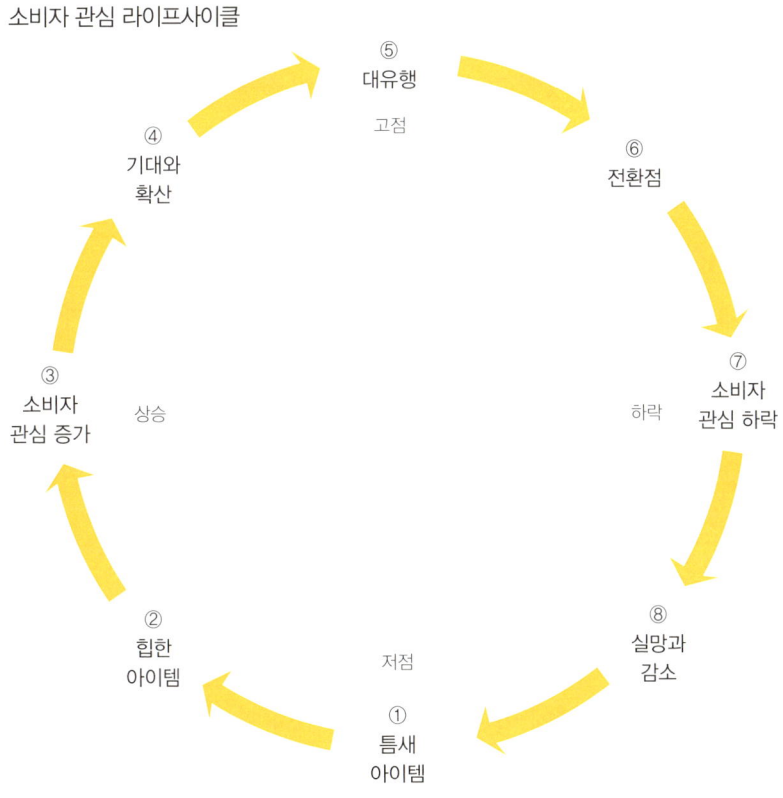

소비자 관심 라이프사이클

클'은 소비자의 관심에 따라 변화하는 시장의 흐름을 설명하기 위한 모델이다. 이 라이프사이클은 총 8단계로 이루어져 있다. 아이템이나 경제상황, 시장, 지역적 특성에 따라 특정 단계가 매우 짧게 스쳐 지나가기도 하고, 단계를 건너뛰는 경우도 있다.

① 틈새 아이템

유행하는 아이템은 대부분 아직 시장에 존재하지 않는 틈새 아이템으로 시작한다. 150여 년 전의 경제학자 베블런의 통찰대로, 사람들은 소비를 통해 스스로를 표현하고자 하는 경향이 있기에 이미 익숙한 아이템은 유행거리가 되지 못한다. 그래서 기존에 없는 것, 또는 기존에 있는 것을 약간 비튼 것이 그 시작이다. 이것이 잘될지 안 될지는 이 시점에서는 아무도 알 수 없다.

② 힙한 아이템

틈새 아이템이 알 수 없는 이유로 관심을 얻기 시작한다. 이 단계에서 관심을 가지는 소비자들은 대중적인 소비자들과는 조금 거리가 멀다. 독특한 아이템을 찾아다니는 힙스터(hipster)[1]나, 국내에는 없지만 해외에서 유사한 것을 미리 접해본 사람들 등이다. 이런 소수의 소비자들이 이 아이템에 호감을 가지고 소비하는 모습을 SNS를 통해 알림으로써 스스로를 표현하려고 한다.

아직 대중적으로 알려지지는 않았지만, 이제 특정 그룹에서는 힙한 것으로 유명한 단계에 이른다. 어떤 아이템이 이 그룹의 선택을 받을까? 이것은 운의 요소가 강하다. 만약 아이템을 발굴하는 사업주가 이런 그룹에 속한다면 선택을 받을 확률이 비교적 높다. 시선과 시각이 비교적 유사하기 때문이다.

③ 소비자 관심 증가

소수에게만 알려져 있던 아이템이 대중적으로 인기를 얻으며, 소비자들의 관심이 크게 증가한다. 즉 어떤 인물이나 사건을 계기로 하여 특정 임계점을 넘어서면서 갑자기 대중적으로 큰 인기를 얻는다. 이것이 말콤 글래드웰이 『티핑 포인트』에서 말한 '티핑 포인트'에 해당한다. 이전 단계와 마찬가지로 이 단계도 운이 필요하다.

글래드웰은 티핑 포인트의 세 가지 법칙으로 '소수의 법칙, 고착성의 요소, 상황의 힘'을 꼽았다. 하지만 이는 사후적인 분류에 불과하다. 이 법칙들을 모두 갖추고도 티핑 포인트까지 가지 못하는 경우도 있다.

티핑 포인트에서는 영향력 있는 사람의 소비와 전파가 큰 역할을 한다. 그래서 사업주 본인이 영향력이 있거나, 또는 그런 사람을 많이 알고 있다면 유리한 위치에 설 수 있다.

이제 이 사업을 처음 시작한 가게는 인기 있는 곳이 되며, 이 아이템의 소비자들은 SNS를 통해 더욱 확산된다. 소비자 중 일부는 이 사업에 뛰어들려고 한다.

④ 기대와 확산

소비자들의 관심이 크게 증가함에 따라서 시장도 성장한다. 돈과 기회가 될 것이라고 생각하는 사람들이 늘어남에 따라 가게 수도 급격히 증가한다. 한편 카피캣 브랜드도 등장한다. 이제 SNS를 넘어서 방송 등의 미디어도 주목한다. 인지도가 더욱 크게 높아지며 이 사업을 하려는 사람들이 늘어난다. 마찬가지로 관련 사업 설명회도 많아진다.

⑤ 대유행

이제 이 아이템을 모르는 사람이 거의 없을 정도가 된다. 가게들도 많이 늘어나서 어디서든 매우 손쉽게 볼 수 있다. 유행의 한가운데에 있기에 언론과 매체도 더 이상 '뜨는 아이템'이라고 하지 않는다. 그리고 이것이 얼마나 돈이 되는지를 조망한다.

카피캣 사업자들도 제법 늘어나서 오리지널 사업자와 가격경쟁을 벌이기 시작한다. 창업 설명회 등에서는 이 아이템부터 권하며, 현재까지 성장률이 높으니 이 추세라면 단시간에 투자금을 뽑아낼 수 있다고 한다. 그러나 매우 불행하게도 이 단계가 바로 고점이다.

⑥ 전환점

이전 단계에서 이 사업에 뛰어들기로 결심했던 사업자들이 속속 가게를 오픈한다. 시장의 최대 크기가 정해져 있는 상황에서 신규 사업자가 계속 늘어나니, 어느 순간부터 생산이 지나치게 많아지기 시작한다. 이때가 바로 가게 앞의 줄이 사라지며, 점포당 매출이 하락하기 시작하는 단계이다.

이제 소비자 입장에서도 이 아이템의 매력이 점점 줄어든다. 소비는 자신을 표현하기 위한 방법 중 하나인데, 지나치게 흔해진 아이템은 그에 적합하지 못하기 때문이다. 전환점은 시장이 포화되어 자연스럽게 나타나기도 하지만, 부정적인 여론이나 기사, 원재료 가격 급등 등으로 인해 그 시기가 앞당겨지기도 한다.

⑦ 소비자 관심 하락

소비자들이 식상해한다. 이미 질릴 만큼 많이 봤기에 소비욕구가 적어져 소비를 줄인다. 이에 사업자들은 부랴부랴 후속 아이템을 내놓지만, 대부분 첫 아이템만큼 관심을 얻지 못한다. 또한 브랜드 자체가 너무 식상해져서 새 아이템마저 외면을 받는 경우도 있다. 한편 망하는 가게들이 점점 늘어나기 시작하고, 언론에서도 위기 등의 단어를 써가며 아이템의 수명이 거의 끝났음을 알린다.

⑧ 실망과 감소

소비자의 관심이 매우 멀어졌기에 시장 크기는 계속 줄어들고, 점포 수도 계속 감소한다. 이 사업을 기회라고 여겼던 사업자들은 크게 실망하게 된다. '큰돈을 바란 것도 아니고 그냥 먹고살 수 있을 정도면 된다고 생각해서 시작했는데….' 하지만 결국 버틸 수 없어서 가게를 접기에 이른다. 결국 이 아이템으로 영업하는 가게가 크게 줄어든다. 소비자도 '예전에 이게 유행이었지. 기억나네' 하는 느낌으로 가끔 소비를 할 뿐이다.

모든 아이템과 유행들이 이 사이클을 거치지는 않지만, 많은 경우 이 사이클을 따른다. 벌집 아이스크림은 3~4년 전이 유행의 절정이었는데, 이러한 사이클을 타고 크게 흥했다가 몰락했다. 최근의 대만 카스텔라도 마찬가지이다. 두 아이템은 〈먹거리 X파일〉이 전환점을 제공했다는 공통점이 있다. 하지만 열풍의 속도와 과열을 고려해보면 이 방송이 없었더라도 결국 전환점을 맞고 쇠락했을 것이다.

이렇게 철 지난 아이템과 업종의 봄은 언제 다시 찾아올까? 사실 이 부분은 답을 내리기 어렵다. 리처드 번스타인은 이익 예상 라이프사이클을 소개하면서 한번 무관심으로 접어든 업종이 다시 시장의 관심을 얻기까지는 오랜 시간이 걸린다고 했다. 확실하게 말할 수 있는 점은 소비자의 관심이 돌아오기까지는 훨씬 더 오래 걸린다는 점이다. 정확히 언제가 될지는 아무도 알 수 없다. 어쩌면 다시 안 올 수도 있다.

유행 아이템이 실패하는 이유

우리는 머리로는 유행 아이템을 활용한 창업이 위험하다는 것을 알고 있다. 그러나 유행 아이템이 왜 실패할 수밖에 없는지에 대해선 잘 모른다. 여기서는 왜 유행 창업이 위험하고, 왜 대부분 실패로 귀결될 수밖에 없는지를 소비자 관심 라이프사이클을 통해 설명하려 한다.

어떤 아이템이든, 최초 등장 시기부터 일정 기간은 대중의 관심 밖에 있다. 유행 아이템이 대중적인 관심을 얻는 시기와, 관심 밖에 위치한 시기를 소비자 관심 라이프사이클 모델에 그려보면 다음과 같다.

유행 아이템이 대중적으로 널리 알려지는 시기는 '소비자 관심 증가' 단계다. 이때부터 대중적인 관심이 계속되어 소비자들이 외면할 때까지(소비자 관심 하락) 이어진다. 이 범위가 '대중적 관심'의 시기다.

반대로 '대중적 무관심'의 기간은 소비자의 관심이 하락하고 실망과 감소로 이어지는 시기, 그리고 틈새 아이템에서 힙한 아이템으로 이어지는 시기이다. 전자는 대중들에게 아이템이 잊혀지는 시기이며, 후자는 대중들이 미처 알지 못하는 시기이다.

대중적 관심과 대중적 무관심 기간

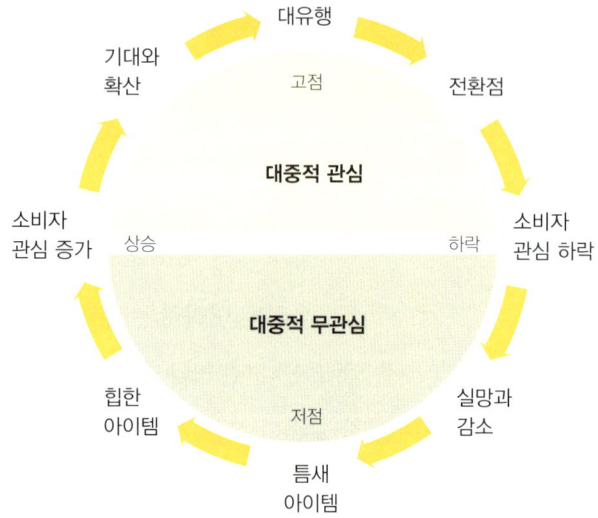

유행 아이템으로 창업을 하려면 앞으로 무엇이 유행할지 알아야 한다. 아이템을 보는 감각이 매우 뛰어난 사업자라면, 대중적 무관심의 기간에 앞으로 뜰 아이템을 발견할 수 있을 것이다. 하지만 대부분의 사람들은 대중적 관심이 몰리는 시기에나 이 아이템의 존재를 알게 되어 사업할 생각을 하게 된다. 따라서 대중적 관심 기간은 유행 아이템으로 창업이 가능한 시기로 볼 수 있다.

이제 수익 극대화와 손실 극대화 기간을 각각 살펴보자.

'수익 극대화 기간'은 아이템을 발굴한 초기부터 영업을 시작해서 대유행의 시기에 프리미엄을 받고 손을 털고 나오는 것이다. 반면 '손실 극대화 기간'은 아이템이 대유행의 시기에 진입했다가 이후 관심이 적어지고 매출이 줄어들어 손실을 보는 기간이다. 이것을 소비자 관심 라

수익 극대화와 손실 극대화 기간

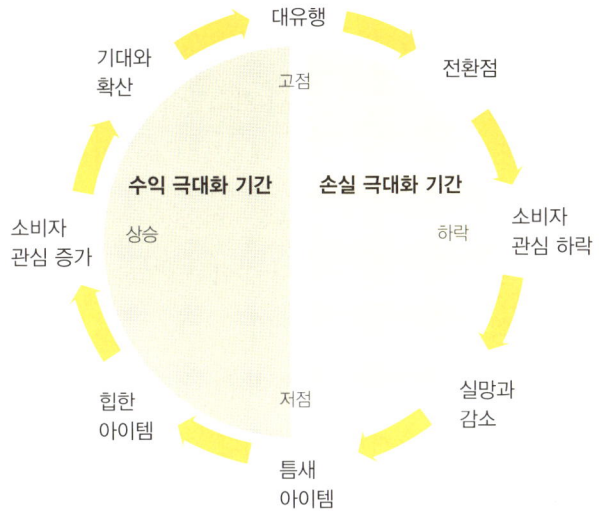

이프사이클에 표시하면 위의 그림과 같다.

　소비자 관심 라이프사이클에서 창업할 수 있는 '대중적 관심' 기간이자, 동시에 수익도 낼 수 있는 기간을 표시해보자. 바로 소비자 관심 증가 단계부터 대유행 단계까지다. 이 기간은 사실상 유행의 흐름을 타고 제대로 수익을 낼 수 있는 최대의 구간이다.

　그나마도 사람들로부터 주목을 받기 시작할 때부터 재빠르게 움직여야 한다. 유행에 뒤처질수록 제대로 수익을 낼 수 있는 범위는 더욱 좁아지기 때문이다. 그러나 현실에서 유행 아이템과 업종에 뛰어드는 사람들은 '요즘은 이게 유행'이라는 소문을 듣고 진입한다. 그래서 진입 타이밍이 본격화되는 시점은 '기대와 확산' 단계이다. 수익을 낼 수 있는 기간이 앞의 그림보다 더 줄어드는 것이다.

창업이 가능한 수익 기간

창업이 가능한 수익 기간이 얼마나 짧을까? 앞에서 소개한 브랜드 증가 추이 그래프에서 볼 수 있듯이, 대만 카스텔라는 2016년 여름 큰 인기를 끌었고 하반기 이후 브랜드와 가맹점들이 폭발적으로 증가했다. 그런데 서울지역에서는 이미 2017년 1월부터 열기가 빠지기 시작했다. 그에 따라 사람들이 줄을 선 점포들이 급격히 줄었는데, 이것은 이미 〈먹거리 X파일〉의 방송이 있기 2개월 전이었다.

만약 대만 카스텔라 열풍의 시작을 2016년 6월로 잡는다면, 장사가 엄청 잘되던 기간은 대략 7개월에 불과하다. 이는 소비자 관심 라이프 사이클에서 '창업이 가능한 수익 기간', 즉 아이템이 열광적인 인기로 수익을 거두는 기간이 겨우 7개월이라는 말이다. 그나마 이 기간이 길

창업이 가능한 수익 기간

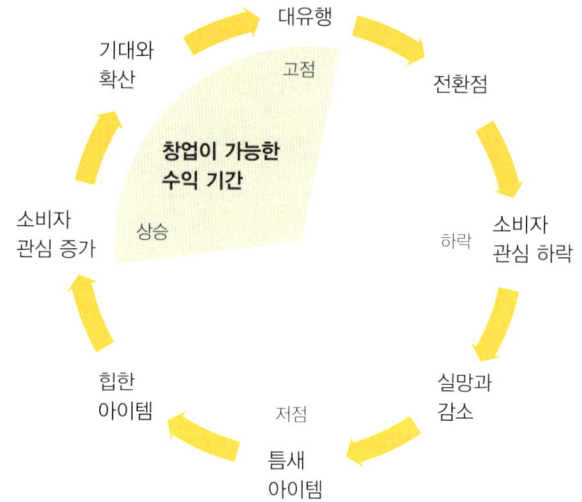

다면 큰 문제는 없을 것이다. 하지만 대부분 짧으며, 보통 1년 정도에 불과하다. 이 점은 유행 창업이 절대적으로 불리한 이유 중 하나다.

자영업 창업은 아이템을 결정하는 데에도 시간이 걸릴 뿐더러, 가게를 오픈하려면 장소를 알아보러 다녀야 하며, 무사히 임대계약을 하더라도 내부공사를 해야 한다. 아무리 짧아도 1개월이 걸린다. 당장 시작해도 빠듯한데 무려 1개월이나 까먹는 셈이다.

일반적으로 점포를 오픈하는 경우, 첫 1년은 권리금 및 시설투자비를 뽑는 기간이다. 자영업을 제대로 하려면 아무리 못해도 계약기간 동안에 권리금과 시설투자비를 제하고도 수익을 건질 수 있어야 한다. 정말 최소한으로 봤을 때 그렇다.

그런데 유행 창업의 경우 수익 기간이 매우 짧은데, 더구나 1개월 이상을 까먹는다면 최종적으로 손해를 볼 확률이 더욱 높아진다. 결국 조금 자리잡으려 할 때 대유행의 단계를 넘어서 전환점 단계로 진입하고, 그때부터 수익은 바람 빠진 튜브처럼 쪼그라들면서 사업도 같이 가라앉게 된다.

이때 가게를 어영부영 붙잡고 있으면 전환점을 넘어서 소비자 관심 하락 단계로 접어들게 되고, 그때 가서는 부푼 기대를 안고 오픈했던 가게를 닫을 수밖에 없다. 가게를 넘기고 받은 권리금으로 처음 권리금을 퉁치고 나면, 손에 쥐는 건 영업 기간에 잠깐 벌었던 돈뿐이다. 운이 나쁜 경우 인테리어와 시설투자비를 제하고 나면 오히려 적자다. 이것이 유행 창업이 대부분 실패로 끝날 수밖에 없는 이유다.

물론 소수는 이 기간에 충분한 돈을 벌고 빠져나오기도 한다. 그러려면 유행 아이템에 대해 남들보다 빨리 정보를 얻고 기민하게 움직이며, 아이템이 정점에 이르렀다고 판단될 때 주저없이 빠져나올 수 있는 수완이 필요하다. 주식과 달리 가게는 당장 접고 싶다고 해서 접을 수 있는 것이 아니기 때문이다.

시장을 황폐화하는 카피캣

  유행 아이템은 열광과 동시에 브랜드와 가맹점이 단기간에 폭발적으로 증가한다. 왜 그럴까?

유행 아이템들은 공통적으로 진입과 창업이 매우 손쉽다. 그래서 프랜차이즈 본사에서는 '손쉬운 창업', '특별한 기술이 필요하지 않음', '쉽게 수익을 볼 수 있는 쉬운 사업'이라고 어필한다. 하지만 유행 아이템 사업은 겉보기엔 쉬워 보여도 알고 보면 가장 난이도 높은 사업이다. 대부분의 유행 업종은 진입이 매우 쉽기에 일정 시점이 지나면 카피캣 브랜드들이 속속 등장하기 때문이다. 카피캣 브랜드들은 시장을 빠르게 포화시켜버린다. 어느 분야나 카피캣이 있지만, 유행 업종은 소비자 관심 라이프사이클의 주기가 더 짧은 것이 문제다.

2016년 성업을 이루었던 저가 과일주스 J업체를 생각해보자. 이 업체가 판매하는 주스의 최대 장점은 저렴한 가격과 많은 양이다. 덕분에 가맹사업을 본격적으로 시작한 지 약 2년 만에 점포가 800여 개에 이르렀다. 그런데 2년 차부터 이미 카피캣 업체들이 난립하기 시작했다. 내가 살던 동네는 5미터 옆에 카피캣 점포가 들어설 정도였다. 아무리 저가 주스가 인기를 끈다지만, 이처럼 폭발적으로 늘어나는 공급을 감당할 수 있을까?

 일반적으로 프랜차이즈의 수익은 점포를 개설할 때 받는 가맹비 등의 점포개발 수익, 로열티 수익, 유통 수익으로 구성된다. 그런데 우리나라는 본사가 로열티를 받는 것에 대해 매우 부정적이다. 강력한 경쟁우위를 가진 곳도 로열티가 매우 작다. 아마 군소업체들은 로열티를 아예 요구할 수 없을 것이다. 그래서 본사는 점포개발과 유통으로 수익을 거둬들일 수밖에 없다. 그러므로 매출을 극대화하기 위해서는 점포를 최대한 많이 늘리면서 가맹비를 받고, 물품을 공급하여 유통이익을 거둬야 한다. 이것이 특정 프랜차이즈 업종이 뜨기 시작하는 순간 점포 수가 급증하는 이유이다.

너무 많은 소 떼와 적은 목초지

시장을 '목초지', 점포를 '소'라고 생각해보자. 만약 목초지의 규모에 적정한 수의 소를 기른다면, 소가 풀을 뜯어먹더라도 금방 자라서 고갈되지 않을 것이다. 그러나 목초지의 크기에 비해 소가 너무 많을 경우, 소들이 풀을 다 뜯어먹어 점점 황폐화될 것이다. 소가 늘어나는 상황에서 황폐화를 막으려면 목초지를 늘리는 방법밖에 없다. 다시 말해, 결국 시장의 확장이 필요하다.

 시장의 최대 크기를 정하는 것이 인구라면, 그 아래에서 현재의 시장 크기를 정하는 것은 소비자의 소득, 취향, 아이템에 대한 인식이다. 그래서 시장이 확대되려면 소비자의 저변이 확산되어야 한다. 그렇지 않으면 그 업종은 금방 포화상태를 맞게 된다. 그래서 각 산업에서 소비자의 저변을 넓히기 위해 다양한 시도를 하고 있는 것이다.

문제는 J업체의 주스는 차별화 요소가 없다는 것이다. 업체 측은 유통혁신을 통한 저렴한 가격이 강점이라고 주장하지만, 가격과 양은 쉽게 카피할 수 있다. 차별화 요소가 없으며 카피캣이 등장하기도 쉽다면, 본사는 가맹점을 더욱 빨리 늘려야만 한다. 오히려 카피캣이 가맹점을 빠르게 늘려서 오리지널을 대체할 수도 있기 때문이다. 이 과정에서 양측은 치킨게임을 벌인다. 당연히 이 와중에 시장은 더 빠르게 황폐화된다.

카피캣 브랜드는 대체로 유사한 브랜드명, 브랜드 컬러, 아이템들로 가게와 메뉴를 채운다. 이들은 차별화 요소가 전혀 없기에 오리지널에 비해 가격을 더 저렴하게 매겨 승부를 건다. 이는 오리지널을 넘어서 사업을 차별화하는 것이 아니라, 오리지널이 혼자 먹고 있는 시장을 쪼개는 전략에 가깝다.

프랜차이즈 본사는 가맹점을 내주었다고 끝이 아니다. 상품개발과 영업능력이 낮은 사람도 쉽게 사업을 할 수 있게끔 해주는 대가로 가맹비와 수수료를 받는 것이다. 따라서 가맹점에 관심을 가지고 장기적으로 존속할 수 있도록 해야 한다. 이런 점에서 보자면, 오리지널 업체를 흉내내며 겨우 저가로 승부를 보는 곳이 과연 가맹점의 매출과 성장에 관심이 있을까?

카피캣 가맹점주들은 어떤 생각을 가지고 있을까? 이들이 오리지널을 두고, 카피캣을 선택한 것은 가맹비 등이 더 저렴하기 때문이 아닐까? 그러나 그런 행동은 그 업종의 매출을 갈라먹기로 쪼개는 것이고, 결과적으로 실제 매출이 작을 확률이 높다. 또한 카피캣 브랜드는 애초에 독자적인 경쟁력이 없고 흉내내기를 통해 기존 브랜드에 무임승차한 것이므로, 시장 자체가 황폐화되면서 생명도 끝나게 된다. 유행 사업에 뛰어들려는 사람들은 그것이 시작부터 끝이 보이는 선택임을 명심해야 한다.

결국 차별화되지 않은 업종에서 오리지널과 카피캣이 치킨런을 벌이면, 결과는 시장의 황폐화이다. 아울러 사업자들의 몰락일 뿐이다.

대박의 저주

오리지널 사업자가 브랜드 파워와 진입장벽을 쌓아두어 카피캣이 보기 드문 업종이라면, 시장의 황폐화에서 안전할 수 있을까?

매년 사람들이 몰리는 업종이 있다. 그중에는 오리지널 사업자가 나름대로 브랜드를 구축하고 차별화를 통해 후발주자와는 다른 경쟁력을 가진 경우도 있다. 빙수 열풍이 그런 사례이다. 이 분야의 선두주자는 코리언 디저트 카페를 표방한 빙수업체 '설빙'이었다.

2013년에 탄생한 설빙은 우유를 얼려 갈아낸 눈꽃 빙수를 기반으로 하여 인절미 빙수, 딸기 빙수로 큰 인기를 끌었다. 이에 성공한 프랜차이즈의 표본으로 꼽히기도 했다. 이후 다른 경쟁자들도 눈꽃 빙수를 내놓았지만 설빙과 같은 신선함은 없었다. 설빙은 신메뉴 개발에 주안점을 두어 2015년 메론 빙수를 출시하여 인기를 얻었고, 2017년 여름에는 복숭아 빙수를 출시했다. 차별화로 카피캣들이 자신의 영역을 갉아먹는 것을 최소화한 것이다.

문제는 그 확장세이다. 설빙은 2013년 8월에 사업을 시작해 그해에 가맹점을 33개 세웠다. 그런데 전국적인 눈꽃 빙수 열풍이 불었던

2014년 한 해 동안 신규 점포가 448개로 늘어났다. 이 폭발적이고 공격적인 성장세는 매장을 열게 해달라고 돈을 싸들고 찾아오는 가맹사업 희망자 덕분이기도 하다. 2014년 당시 "설빙 매장을 차리려면 대기표를 뽑고 기다려야 한다"는 말이 돌 정도였다. 그런데 과연 폭발적인 성장이 좋기만 한 것일까?

우리나라의 카페 전쟁을 생각해보자. 최초의 커피 프랜차이즈는 할리스로 1998년에 강남에 1호점을 오픈했다. 그러나 현재의 카페문화를 본격적으로 보급하고 확장한 것은 1999년에 이대 앞에 1호점을 낸 스타벅스이다. 이후 투썸플레이스(2002년), 파스쿠찌(2002년), 엔제리너스(2006년), 카페베네(2008년) 등 후발주자들이 속속 등장했으며, 2000년대 중후반부터 2010년대 초반까지 브랜드 카페들이 각축전을 벌여왔다. 그런데 강력한 브랜드 파워로 카페문화를 대표하던 스타벅스는

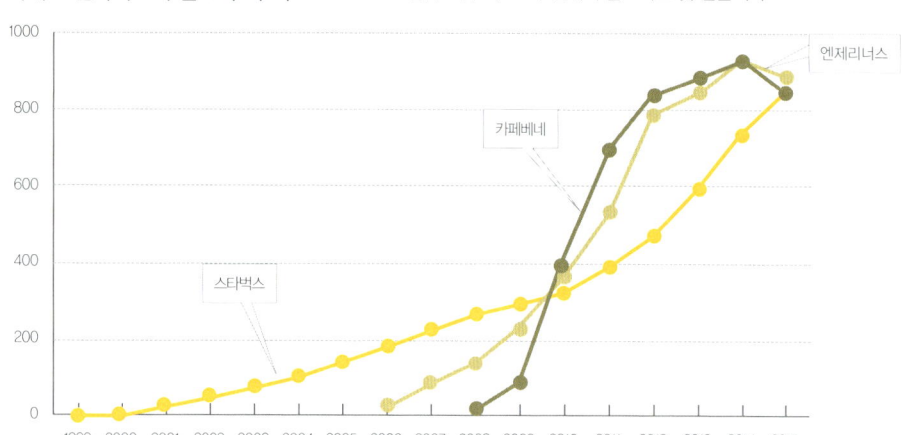

카페 프랜차이즈의 점포 수 추이   단위: 개 | 자료: 각 업체의 발표자료 및 언론기사

의외로 매장 수의 증가세가 매우 느린 편이었다. 스타벅스 코리아 설립 5주년인 2004년이 되어서야 전국 매장 수가 100개를 돌파했으며, 10주년인 2009년에야 300개에 근접했고, 2010년에도 327개에 불과했다. 그나마 2011년부터 눈에 띄는 증가세를 보인다.

반면 후발주자들은 스타벅스와 비교했을 때 엄청난 성장세를 보였다. 엔제리너스는 2006년에 34개의 점포로 시작하여 4년 만인 2010년에 업력 11년의 스타벅스 점포 수를 추월했다. 그다음 해에는 500개를 돌파하고, 2013년에 845개, 2014년에는 927개라는 무시무시한 성장세를 기록한다.

여기에 카페베네는 성장세가 한술 더 떴다. 2008년 사업 첫해에 점포 수가 24개였는데, 2년 후인 2010년에는 395개로 증가했고, 2012년 800여 개를 넘어섰으며, 2013년 1,000호점을 오픈했다. 여기에서 그치지 않고 '글로벌 10,000호점'을 목표로 내세웠다.[2] 그래서 2010~2012년 카페베네의 폭발적인 성장과 성공에 대해 많은 기사와 이야기들이 쏟아져나왔다.

이제 현재의 시점에서 세 업체를 비교해보자. 스타벅스는 여전히 승승장구하는 카페 프랜차이즈의 대표주자이다. 그러나 다른 두 업체는 정점을 기록한 후 매장 수가 하락했다. 특히 카페베네는 그 몰락이 두드러져서 2016년에는 336억 원의 적자를 기록하고 자본잠식 상태에 빠졌다. 엄청난 성장세로 '신화'라는 말까지 들었는데 그리스 신화의 이카로스처럼 추락해버린 것이다. 카페베네의 몰락에는 여러 원인이 있지만 이와 같은 급성장이 원인 중 하나로 꼽힌다.

대량생산과 프랜차이즈

프랜차이즈는 대량생산을 위한 시스템이다. 이를테면 스타벅스는 커피 품질이 전 세계 어디에서나 거의 균일하다. 커피 제조과정을 표준화하고 통일했기 때문이다. 모든 매장들이 동일한 품질의 원두를 공급받고, 동일한 품질관리 시스템을 적용하며, 동일한 커피머신을 사용한다. 더불어 철저한 표준화를 통해 동일한 레시피로 교육을 받은 직원 등을 통해 상품의 편차를 최소화한다.

프랜차이즈 사업은 이처럼 기계로 할 수 없는 과정에 대해서도 표준화와 매뉴얼화를 한다. 사람이 생산하지만 기계로 생산한 것처럼 상품 간의 차이를 최소화하는 것이다. 이것이 바로 프랜차이즈 사업의 본질이다. 품질이 균등하기에 브랜드가 일종의 '품질보증서'가 되는 것이다. 스타벅스는 이러한 표준화를 통해 브랜드 가치를 굳건히 유지하고 있다. 브랜드가 곧 품질보증이 되어 사람들에게 신뢰를 준다. 따라서 본점인 시애틀에 가지 않아도, 가까운 스타벅스에 들어가서 커피를 마시면 된다.[3]

스타벅스는 우리나라에서 전 지점을 직영으로 운영했기에 개점 비용이 많이 들었고, 글로벌 브랜드에 걸맞은 직원 교육과 품질 유지에 힘썼다. 그러다 보니 점포 증가세가 느릴 수밖에 없었다. 그러다가 2011년부터 본격적으로 증가했다. 이미 영업을 시작한 지 12년이나 되었고 점포 수도 300개가 넘어선 시점이었다. 자금력도 확보되었을 뿐더러 인적자본도 충분히 축적된 상황이었다. 전체 점포 수가 70개인데 추가로 70개를 늘리는 것과, 300개인데 70개를 늘리는 것은 엄연히 다르다.

반면 카페베네는 상황이 달랐다. 단시간에 지나치게 확장한 것이다. 사업 첫해인 2008년을 제외하고, 2009년의 점포 증가율은 무려 292%, 2010년은 320%, 2011년은 77%였다. 그동안에 24개였던 점포는 94개, 395개, 701개까지 폭발적으로 늘어났다. 카페베네가 이처럼 폭발적으로 성장할 수 있었던 이유는 직영점이 아닌 가맹점 중심으로 운영했기 때문이다.

가맹 프랜차이즈는 가맹점주들의 자본을 대가로 레시피와 표준화, 운영 노하우 등을 제공한다. 직영에 비해 본사의 비용 부담이 적기에 확장에 유리하다. 다만 자본을 가진 개인에게 브랜드를 걸고 자사의 상품을 파는 것을 허락하는 것이기에, 품질을 유지하기 위해서는 더 많은 교육과 관리가 필요하다. 그런데 급격한 성장 중에서도 품질을 제대로 유지할 수 있을까?

당시 카페베네에 대해 '커피가 맛이 없다', '지점별로 맛의 편차가 너무 심하다' 등의 평가가 많았지만, 의외로 설립 초기에는 커피가 맛있다는 의견이 많았다. 브라질 현지 커피농장과 직접 공급 계약을 맺어 원두를 받을 정도로 신경을 많이 쏟았기 때문이다. 하지만 가맹점이 급증하면서 점주와 직원들에 대한 교육과 관리도 부실해질 수밖에 없었다. 단기간에 지나치게 많은 점포들이 늘어나면 피로감과 식상함을 주기 마련이다. 그것이 고스란히 들쭉날쭉한 품질로 드러나게 된 것이다. 프랜차이즈의 장점이자 목표가 '표준화를 통한 대량생산과 안정적인 품질 유지'에 있음을 감안하면, 이 순간부터 사실상 실패라고 봐야 한다. 편차가 적은 상품을 만들어내지 못하는 순간 브랜드의 가치는 하락한다.

스타벅스는 점포가 800개를 넘을 때까지 16년이 걸렸다. 하지만 카페베네는 단 4년이면 되었다. 이것만으로 알 수 있지 않은가? 사람들은 너무 흔해 빠진 것도 좋아하지 않는 법이다. 그래서 브랜드 가치를 중요하게 여기는 곳들은 가게를 쉽게 늘리지 않는다.

외형적 성장에 목매지 않는다

다시 앞에 이야기했던 설빙의 사례로 돌아와보자. 설빙은 2014년 한 해 동안 무려 448개의 신규 점포를 열었다. 이것은 결코 쉬운 일이 아니다. 입지분석 등이 반나절에 이뤄질 수 있는 것도 아니다. 이런 확장에 부작용이 없을 리가 없다.

실제로 공정위는 2016년 6월 설빙에 대해 가맹사업법 위반으로 시정명령을 내렸다. 2014년 3~8월 가맹 희망자들에게 기본 상권정보를 제공하지 않았기 때문에, 주변에 다른 설빙 가맹점이 있는지조차 모르고 가맹 계약을 체결했다는 것이다.[4] 설빙은 이에 대해 '가맹 사업 초기에 관련 규정을 숙지하지 못해서 발생한 일로 고의성은 없었다'고 해명했으나, 가맹점주들의 피해로 이어졌다는 점을 감안할 때 답변으로 아쉬운 점이 있다. 다행스럽게도 설빙은 2015년부터 출점 자제 전략을 폈다. 본사의 매출은 하락했으나 매우 현명한 선택이었다고 볼 수 있다. 장기를 바라보고 차별화 요소를 갖춘 프랜차이즈라면, 가맹점을 내는 데 매우 까다롭고 외형적 성장에 목을 매지 않는다. 외형의 급격한 성장이 결국 브랜드 가치를 떨어뜨리고 시장을 황폐화할 것임을 잘 알기 때문이다.

 많은 사람들과 비즈니스 기사들은 눈부신 외형적 성장을 보고 찬사를 보내기에 바쁘다. 그러나 지금까지 살펴봤듯이, 눈부신 외형적 성장이 오히려 브랜드와 그에 연관된 사람들에게 저주에 가까운 경우도 있다. 시작할 때만 해도 다들 부푼 꿈을 가졌을 것이다. 그 꿈이 실제로는 악몽이라는 것을 깨닫기 전까지는 말이다.

그 많던 연어 무한리필점은 어디로 갔을까

당신이 사업 기회를 엿보고 있다고 하자. 어느 날 A상품의 수입업자와 자리를 함께했다. 그는 최근 A상품의 가격이 크게 하락했다고 하면서, 가게를 차려서 저렴하게 팔면 장사가 잘될 거라고 호언장담했다. 알아보니 가격이 크게 떨어지긴 했다. 게다가 A상품에 대한 선호도가 높으므로, 저렴하게 팔면 사람들이 줄을 서고 제법 수익을 낼 수 있겠구나 싶었다. 되는 사업이라는 확신이 들었다.

그래도 노파심에 A상품의 가격변동을 확인해보기로 했다. 조사해보니 다음과 같은 그래프가 나왔다. 현재 가격은 최고점 대비 37% 이상 하락한 상태였다. 당신이라면 이 상품을 수입해서 판매하는 사업에 뛰어들겠는가?

아마 상당수의 사람들은 이 사업에 뛰어들지 않기로 결정할 것이다. 적어도 그래프 상으로 보기에는 A상품의 가격은 장기적으로 상승 추세에 있으며, 지금이 예외적으로 낮은 상태로 볼 수 있기 때문이다. 그래서 지금 당장은 저렴할지 몰라도, 가격이 정상 수준을 회복하면 순식간에 경쟁력을 잃어버릴 가능성이 있다. 그러나 공교롭게도 현실에서

A상품의 가격 추이　　　　단위: 달러 | 자료: Indexmundi.com

는 이 사업에 뛰어든 사람들이 매우 많았다. A상품은 바로 연어이다. 2015년 하반기부터 엄청나게 늘어났던 연어 무한리필점에 대한 이야기를 하고자 한다.

　연어는 특유의 기름지고 부드러운 단맛 때문에 회를 처음 접하는 사람들도 매우 좋아하는 횟감이다. 특히 젊은 세대에게 인기가 높다. 연어 선호도가 이처럼 높은데, 어느 날 무한리필이라는 파격적인 조건을 내세운 가게가 등장했다. 그것도 매우 저렴한 1만 원 초중반대의 가격에 말이다.

　2015년 하반기 연어 무한리필점들은 큰 인기를 얻었고 SNS에도 자주 오르내렸다. 당시 사람들이 가장 먼저 떠올린 것은 연어의 질에 대한 의구심이었다. 〈먹거리 X파일〉에서는 무한리필 연어가 노르웨이산 양식이며, 양식 연어가 자연산보다 지방이 많다는 내용을 방송하기도 했다. 하지만 걱정할 필요 없다. 이 방송이 겨우 지방이 많다는 것밖에 지적 못한 것은 그만큼 안전하다는 증거이기 때문이다. 더구나 북미와 EU의 식품안전규정은 우리나라보다 훨씬 까다롭다.

그렇다면 연어 무한리필점은 어째서 갑자기 폭발적으로 증가했을까? 국제 연어시장에서 노르웨이산 양식 연어는 매우 큰 비중을 차지한다. 양식 연어의 생산량은 2000년대 초반 이후 자연산 연어의 생산량을 추월했다. 2015년 전 세계 자연산 연어의 연간 생산량은 82만 톤이며, 양식 연어는 220만 톤에 달했다. 그리고 전 세계 양식 연어 생산량의 50%를 담당하는 나라가 바로 노르웨이다.[5] 그래서 노르웨이산 양식 연어의 가격은 국제 연어 가격의 표준지표로 쓰인다.

다음의 그래프에서 보듯, 국제 양식 연어의 가격은 2014년 2월에 최고점을 찍었다가 하락하여 2015년 1년 동안은 kg당 5달러에서 안정적으로 움직였다. 결국 2015년에 연어 무한리필점이 폭발적으로 등장할 수 있었던 원인은 이토록 낮은 가격에 있었다.

2015년에 연어가 저렴했던 이유

그런데 양식 연어의 가격은 2015년에 왜 이렇게 하락했을까? 수요/공급의 법칙을 생각하면 연어 공급이 늘었거나 수요가 줄어들었을 것으로 추정할 수 있다. 그러나 연어 생산량을 살펴보면 2014년에 폭락을 부를 만큼 공급이 늘어난 흔적은 보이지 않는다. 해답은 역시나 수요에 있다.

2014년 3월 러시아가 우크라이나의 크림반도 지역을 강제로 병합하는 사태가 발생했다. EU 국가들은 러시아에 경제제재를 가했고, 이에 러시아는 EU 국가들의 식품 수입을 금지하는 것으로 맞불을 놓았다. 그런데 러시아는 노르웨이 연어의 최대 수입국으로 연어 생산량의 10%를 소비한다. 그러므로 가격이 순식간에 폭락할 수밖에 없었던 것이다.

연어 무한리필점을 오픈하는데 이런 배경정보까지 알고 있어야 한다는 말이 아니다. 하지만 적어도 연어 가격의 추이를 살펴봤다면 그것이 가지고 있던 위험에 대해 조금이나마 짐작할 수 있었을 것이다.

아래 그래프는 연어 무한리필점이 우후죽순 들어서던 2016년 2월에 조회했던 가격 추이이다. 가격 하락이 간혹 있지만, 전반적으로 상승 추세임을 알 수 있다. 물론 과거의 데이터만으로 미래를 예측할 수

노르웨이산 양식 연어의 kg당 국제 가격 추이

단위: 달러 | 기준: 2007.3∼2015.12 | 자료: Indexmundi.com

는 없다. 하지만 분명 장기추세를 무시해서는 안 된다. 당시 개인 블로그에 이 그래프를 올리며, 연어 무한리필점들이 위험하다는 글을 쓴 바 있다. 그 이후에 어떻게 전개되었을까?

다음은 2017년 3월까지의 연어 가격 추이를 추가한 그래프이다. 아니나 다를까, 2015년 12월을 기점으로 가격이 치솟기 시작했고, 2017년 1월에는 역대 최고치인 킬로그램당 8.64달러를 기록했다. 이는 노르웨이가 수출을 다변화하면서 판로를 다각화했기 때문이다. 아시아 수출 비중이 상당히 증가했는데, 우리나라의 연어 무한리필 열풍도 일부 기여했을 것이다. 또한 러시아가 라트비아, 리투아니아 등을 통해 우회 수입함으로써 전 세계 연어 소비량은 오히려 더 크게 증가했다.

노르웨이산 양식 연어의 kg당 국제 가격 추이

단위: 달러 | 기준: 2007.3~2017.3 | 자료: Indexmundi.com

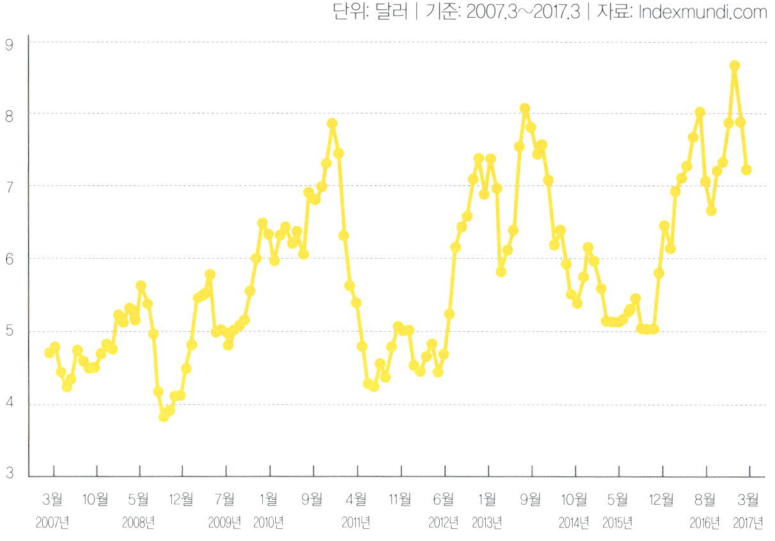

그래서 2015년의 패닉을 딛고 가격이 상승할 수 있었던 것이다.

연어 가격이 이렇게 급등하는데, 무한리필점이 버틸 수 있을 리가 없다. 소비자 가격도 올랐다. 서울 시내를 기준으로 2015년 하반기에 15,000원 이내로 부담 없던 가격이 1만 원 후반에서 2만 원 초반으로 크게 상승했다. 그리고 2016년에 그 많던 가게가 하나씩 사라져갔다.

자영업은 하루 장사하고 그만두는 사업이 아니다. 본전이라도 건지려면 적어도 2년 이상은 해야 한다. 보통 1~2년 정도가 권리금과 인테리어 비용을 뽑는 기간이다. 그러므로 연어 무한리필점 사업이 지속되려면 연어 가격이 2015년의 저렴한 수준에서 중기적으로 안정되어야 한다. 그러나 그래프에서 보듯, 그 좋은 시절은 지속될 가능성이 낮았다. 그렇게 또 하나의 사업이 뜨고 사라졌다. 소비 문제가 아니라 공급 문제 때문에 말이다.

사업을 하기 전에 구글 검색을 통해 그래프만 확인했더라도 연어 무한리필점을 쉽게 시작하지 못했을 것이다. 사업을 생각하는 사람이라면 반드시 지속 가능성이 얼마인지 예측해야 한다. 연어 무한리필점처럼 예외적인 조건으로 인해 가치가 생긴 사업은 그 조건이 사라지는 순간 사업가치도 상실되기 때문이다.

경리단길에서 추로스가
잘 팔린 까닭

지금은 다소 수그러들었지만, 경리단길은 서울의 주요 상권 중에서도 인기 있는 곳이다. 원래 이곳은 이태원의 위성 상권으로 출발했다. 2000년대 초반까지만 해도 이태원에 대한 인식은 외국인들이 많이 살아서 치안 때문에 함부로 가기 꺼려지는 곳이었다. 그랬던 곳이 2000년대 중반을 넘어서면서 이색적인 분위기와 음식점들이 가득한 유명 상권으로 변했다. 이태원 상권이 점점 포화상태에 이르자 경리단길로 확장되어 위성 상권이 된 것이다.

평범한 가게가 인기를 얻은 비결

경리단길 상권의 길목에는 추로스 가게가 있다. 주말이면 사람들이 줄을 서는 모습을 아주 쉽게 볼 수 있었다. 이 가게는 경리단길의 성장과 맞물려서 큰 성공을 거두었다. 그렇다면 이곳은 어떻게 경리단길을 대표하는 가게가 되었을까?

사실 추로스는 대단한 음식이 아니다. 일종의 스페인식 도넛으로 짤주머니 안에 넣은 반죽을 그대로 뽑아 굽거나 튀긴 음식이다. 특별하게 맛있다기보다는 '아, 이런 것도 있구나' 정도의 감상을 남기는 음식이다. 이보다 더 대단한 디저트 가게들은 다른 곳에도 많다. 그럼에도 불구하고 이 가게가 잘될 수 있었던 이유를 이해하기 위해서 경리단길의 특성과 이곳의 위치를 생각해보자.

이태원과 그 위성 상권으로 발달한 경리단길 일대는 서울뿐만 아니라 전국을 통틀어 가장 이국적인 분위기의 상권이다. 외국인들이 주류가 되어 성장한 동네이므로 그들을 타깃으로 한 가게들이 많고, 우리나라의 일반적인 거리와는 전혀 다른 분위기의 상점들이 자리잡았다. 이곳을 찾는 사람들은 그런 분위기를 즐기려는 것이며, 강남, 종로 등을 찾을 때와는 소비에 대한 태도도 달라질 수밖에 없다. 좀 더 과감한 것에 도전할 의향이 있고, 새로운 것에 돈을 지불할 의향도 충분하다. 그런 의미에서 이태원과 그 위성 상권들은 동네 전체가 방문자들에게 놀이기구 없는 테마파크나 다름없었다.

그 상권의 하나인 경리단길 입구에 추로스를 파는 가게가 떡하니 서 있었다. 경리단길 탐방을 위해서는 그곳을 지나쳐야 한다. 입지조건이 정말 기가 막히게 좋다. 게다가 추로스는 개당 2~3천 원대에 불과하다. 가격이 낮아서 놀러와서 기분내기 부담이 없다. 추로스 하나로 마치 테마파크에서 간식을 사들고 여기저기 둘러보는 느낌을 낼 수 있는 것이다. 그러다 보니 사람들은 놀이공원에 온 느낌으로 한 손에 추로스를 들고 돌아다녔다. 너도나도 사서 기분을 내려고 줄을 서는 것이다. 경리단길 상권을 하나의 테마파크로 보자면, 추로스 가게는 훌륭한 놀이기구였던 셈이다.

당신이 가게 오픈을 위해 아이템을 찾는 중이라고 하자. 경리단길의 추로스 가게를 보고 다른 곳에 같은 가게를 차리면, 그만큼은 아니더라도 수익이 잘 나올까? 어림없다. 그 가게는 경리단길의 특성과 잘 맞아떨어졌기에 성공한 것이다. 성인들을 위한 테마파크 같은 이색적인 상권이고, 그 상권에 접어드는 길목에 위치한 좋은 입지조건까지 갖추었으며, 그 길이 뜨기 시작한 시기에 오픈하여 타이밍까지 잘 맞아떨어졌다. 심지어 초기에는 임대료도 낮았다. 당신이 이 정도에 준하는 상권과 입지를 찾지 못한다면 그에 준하는 수익도 거둘 수 없다.

경리단길의 추로스 가게는 상징성을 가지게 되었기에 더욱 잘될 수 있었다. 당장 이 가게가 위치한 녹사평대로 46길 입구를 '추로스 골목'이라고 부를 정도이다. 다른 지역에 위치한 가게는 그 정도의 상징성을 가질 수 없으므로 그런 효과를 보기가 힘들다. 실제로 이후 수많은 추로스 가게들이 등장했지만 경리단길의 본점만큼 큰 인기를 끌지는 못했다. 서울 모 대학 앞의 추로스 가게는 지역적 특성에 맞지 않아 별 매력 없는 가게가 되었고, 결국 1년 반 만에 부동산 중개업소로 바뀌었다. 성공한 아이템을 그대로 옮겨다가 다른 데 펼쳐놔도 잘되지 않는 것은 바로 이런 이유 때문이다.

성공한 사람들이
말하지 않는 진짜 비밀

Part 3

성공 스토리와 합리적 의심

운 vs 실력

성공이라는 결과가 성공의 원인

아이템 만능주의의 함정

오래 버티다가 성공하기도 한다

소비자는 매우 자주 틀린다

'운칠기삼'의 진짜 의미

성공 스토리와 합리적 의심

치열한 비즈니스에서도 승자는 언제나 존재한다. 자영업도 마찬가지여서 많은 사람들이 5년 내에 폐업 신고를 하지만, 몇몇은 엄청난 성공을 거두기도 한다. 이렇게 성공한 사업자들에게는 커다란 발언권이 주어진다. 다양한 매체에서 성공 스토리를 다루며 많은 사람들이 주목한다.

사람들은 그런 성공이 자기에게도 오기를 바라며, 그들의 말을 경청하고, 전부 사실일 것이라고 믿고 따른다. 그런데 사실이 아닌 부분도 있을 거라 생각해본 적은 없는가? 아마 대부분은 의심하지 않는 것 같다. 성공한 사업가의 성공 이력이 그가 하는 말을 뒷받침하기 때문이다. 심리학에서는 이것을 '후광효과(halo effect)'라고 한다. 어떤 사람의 한 가지 특성 혹은 견해가 기준이 되어 다른 모든 특성을 판단하는 데 영향을 미치는 것을 말한다.

익명의 A를 상상해보자. A는 동물과 아이를 매우 아끼고 사랑하며, 동물을 이용한 생체실험 금지 등을 포함한 현대적인 동물보호 법안을 만들었다. 현재 주요 선진국에서 통용되는 동물보호 법안은 이것을 기초로 하고 있다. 또한 이 사람은 건강 때문에 평생 담배는 입에 대지도 않았으며 술도 거의 마시지 않았다. 이 사람에 대한 당신의 인상은 어떤가? 굉장히 부드럽고 점잖은데다가 소박하고 좋은 사람일 거라는 인상을 받을 것이다. 역사에 관심이 있는 사람이라면 금방 알아차렸겠지만, 이 사람의 이름은 아돌프 히틀러이다.

히틀러의 개인적 일상에 관한 이야기만 놓고 보면 좋은 사람처럼 보인다. 이런 사람이 인종청소를 저지른 범죄자이자 세계대전을 일으킨 사람이란 것에 놀랄 수밖에 없다. 반대로 히틀러의 악마 같은 모습만 알고 있는 사람에게 소박한 일화들은 매우 의외로 다가온다. 그것은 우리가 알고 있는 일부의 이미지로 그 사람 전체를 평가하기 때문이다. 이러한 후광효과를 감안하면, 성공한 승자의 발언에 왜 많은 사람들이 주목하고 의심조차 갖지 않는지 이해될 것이다. 성공이라는 후광이 그의 모든 말과 태도를 긍정적으로 보이게 만들기 때문이다.

그러나 성공한 사업가나 회사원이나 골방에서 공부에 매진하는 고시생이나, 모두 똑같은 인간이다. 인간은 누구나 살면서 과장도 하고 거짓말도 한다. 심지어는 부정행위도 일상적으로 저지른다. 행동경제학자 댄 애리얼리는 『거짓말하는 착한 사람들』에서 사람들은 모두 자기합리화가 가능한 선에서 거짓말이나 부정행위를 저지른다고 말한다. 자기합리화에 영향을 미치는 수많은 요소 중에서 대표적인 것 중 하나가 바로 경제적 동기다. 사람들은 자신의 이해가 걸려 있는 경우 그에 걸맞은 쪽으로 자기합리화를 한다. 그뿐만 아니라 명예 혹은 개인의 현시 등을 위해서도 자기합리화를 하며 자기기만을 통해 스스로를 속이기도 한다.

성공담을 부풀리는 이유

사람은 누구나 자신을 드러내고자 하는 욕망이 있다. 누구나 자신의 이야기가 조금 더 극적이기를 바란다. 특히 자신의 성공에 사람들의 관심이 몰리고 그 이야기를 들으려고 한다면, 그가 이야기를 극적으로 만들어내고자 하는 유혹을 이겨낼 수 있을까? 또한 불리한 이야기를 감추고자 하는 유혹을 이겨낼 수 있을까? 만약 투자유치와 연결되어 있다면 자신을 더 극적인 존재로 만들기 위해 자기합리화를 하지 않을까?

『괴짜경제학』에는 인터넷 데이트 사이트의 가입자들이 하는 거짓말에 관한 이야기가 나온다. 이 사이트에서는 가입자들이 사진과 신체 사이즈, 소득, 외모 등의 프로필을 기재해서 서로를 유혹한다. 그들이 기재한 프로필은 평균보다 부유하고 키가 크고 날씬했다. 여성들의 70%가 자신을 '평균 이상의 외모'로 평가했고, 남성의 67%가 스스로를 '아주 잘생긴 외모'로 평가했다. 자기 외모를 '평균'이라고 한 이는 겨우 30%였고, 평균 이하라고 평가한 사람은 1%에 불과했다.

더 극적인 이야기는 다음 부분이다. 사이트에 가입한 백인 여성의 50%와 백인 남성의 80%가 '데이트 상대의 피부색은 상관없다'고 답했다. 하지만 실제로는 이렇게 답한 백인 남성의 90%와 백인 여성의 97%가 같은 백인 이성에게 데이트 신청을 한 것으로 나타났다. 상대의 피부색은 상관없다고 답함으로써 인종차별적이라는 비난을 면하는 한편, 자신이 좀 더 개방적이고 열린 사고를 가진 사람임을 보여주기 위해 실제 본심과는 다른 답을 했을 확률이 높다.

이와 마찬가지로 성공한 사업가도 투자자들과 대중에게 좀 더 훌륭한 사람으로 보이고 싶을 것이다. 그래서 객관적인 사실과 진실을 말하기보다는 사실관계나 이야기를 본인에게 유리하도록 왜곡할 확률이 높다.

성공 스토리는 성공한 사업가의 완벽함에 포커스를 두는 경우가 많다. 대부분 사업가 본인의 입에서 나온 이야기를 토대로 만들어지기 때문이다. 냉정하게 말하면, 대부분의 성공 스토리들은 여러 사람의 이야기와 진술을 토대로 만든 것이 아니다. 그저 한 사람의 입에서 나온, 그것도 성공에 도취한 사람의 입에서 나오는 이야기다. 그리고 이런 이야기는 신뢰도가 낮다.

본인이 생각하는 자신 및 성공에 대한 이야기는 실제와 많이 다를 수 있다. 대표적인 사례가 21세기 기업가의 아이콘인 스티브 잡스다. 그가 이루어낸 업적은 분명 대단하지만, 실제로 그는 '완벽한 기업가'라는 타이틀과는 거리가 멀었다. 이에 대해 철저하게 파헤친 것이 바로 제프리 영과 윌리엄 사이먼의 『iCon 스티브 잡스』, 그리고 스티브 잡스의 공식 전기인 월터 아이작슨의 『스티브 잡스』이다. 두 책에 나와 있는 잡스의 모습은 표면적으로 드러나는 멋진 기업가로서의 모습과는 전혀 다르다.

그나마 이런 이야기가 알려진 것은 스티브 잡스가 그만큼 대단히 성공했고 중요한 위치를 차지했기 때문이다. 그래서 많은 사람들의 자료와 입을 통해서 한 사람의 성공과 인생을 객관적으로 재구성할 수 있었다. 이와 비교할 때, 사업가 본인의 인터뷰 등에서 나온 성공 스토리가 얼마나 믿지 못할 것들인지 조금이나마 짐작할 수 있을 것이다.

성공신화는 매우 달콤하고 유혹적이다. 보는 이로 하여금 용기를 갖게도 만든다. 그러나 모든 신화가 그렇듯이, 성공신화도 윤색이 되기 마련이다. 사람들은 당장 몇 년 전의 기억도 자신에게 유리한 방향으로 왜곡한다. 장본인이 이야기하는 성공신화라고 다를 리가 없다.

성공 스토리는 원석과 같다. 광물 원석은 제련을 통해 불순물을 제거해야 제대로 된 가치를 가진다. 마찬가지로 성공 스토리에 낀 신화적 요소들을 제거하고 봐야 배울 만한 연구 사례로 활용할 수 있다. 그래서 사업에 관심이 있는 사람이라면 성공 스토리를 최대한 냉정하고 비판적으로 바라볼 필요가 있다.

운 vs 실력

흔히 "잘되면 내 덕, 안 되면 운 탓"이라는 말을 농담처럼 입에 올린다. 그러나 이것은 농담이라고 하기에는 매우 흔하게 벌어지는 일이다.

어느 날 묘한 느낌이 들어 머릿속에 떠오른 숫자 6개를 찍어서 로또를 샀는데 1등으로 당첨되었다고 하자. 이 경우 로또 1등 당첨은 실력일까, 운일까? 거의 대부분 운이라고 할 것이다.

비슷하지만 다른 예를 들어보자. 어떤 주식이 오를 것 같아서 샀는데, 그다음 날 상한가를 쳐서 하루 만에 30%나 올랐다고 하자. 이것은 실력일까, 운일까? 당신은 아마 어깨를 으쓱하며 '나는 주식을 고르는 안목이 좋다'고 생각할 것이다. 이 사례에서는 로또와 달리, 자신의 운이라고 믿는 사람이 크게 줄어든다. 주식시장의 활황기에는 너도나도 주식 전문가이다. 대단한 수익을 거두었음을 자랑하며 뛰어난 감과 분석력을 내세우기 바쁘다.

사업은 어떨까? 비즈니스 책을 읽어보면 기업가의 뛰어난 판단력과 예측력, 과감한 도전과 성공을 칭송하기에 바쁘다.

사람들이 로또 1등 당첨을 실력이 아닌 운으로 판단하는 이유는 간단하다. 우선 당첨 확률이 1/800만으로 매우 낮은데다가, 자신이 개입할 수 있는 것은 숫자를 고르는 것이 전부이기 때문이다. 반면 주식투자의 경우 개입할 요소가 많다. 시황과 종목을 보면서 종목 선택부터 매수, 매도 타이밍까지 결정하기 때문에 운보다 실력이라고 생각한다.

다행히도 투자시장은 투자성과에 대한 분석도 발전시켜왔다. 그래서 시장 평균을 상회하는 수익률을 거두더라도, 그중에서 운과 다른 요소를 제외한 펀드매니저의 순수한 능력을 파악하고자 했다. 젠센의 알파(Jensen's Alpah)[6]나 정보비율(Information Ratio)[7], 샤프지수(Sharp Ratio)[8] 등이 그것이다. 이보다 훨씬 복잡한 분석기법도 있지만, 이 간단한 평가기법들만으로도 수많은 투자자들의 진짜 실력이 냉정하게 드러난다.

이야기짓기의 오류

나심 탈레브는 『행운에 속지 마라』에서 투자자들은 운과 실력을 구분하지 못한다고 주장한다. 관측이 비교적 쉽고, 결과가 바로 수익률로 명확하게 나오며, 분석기법이 발달한 투자영역에서도 운과 실력을 구분하기 어려운데, 비즈니스 세계라고 다를까?

비즈니스의 세계는 투자의 세계보다 선택의 요소가 훨씬 더 많다. 게다가 관측이 어려운데다가 기간도 길고, 비즈니스에서 운의 요소를 평가할 수 있는 수단이 없다. 그러다 보니 자칫 운의 요소를 과소평가할 수 있다. 더군다나 운은 일이 벌어지는 중에 영향을 미치며, 사후적으로는 그 영향이 드러나지 않는다. 그래서 성공한 쪽의 선택은 모두 옳고 맞는 것으로 보이며, 실패한 쪽의 선택은 모두 잘못된 것으로 보인다.

나심 탈레브는 『블랙스완』에서 이러한 문제를 '이야기짓기의 오류(narrative fallacy)'라고 한다. 사람들은 일어나지 않은 사건보다 일어난 몇 가지 사건에 주목하며, 그것을 인과관계로 엮어 단순한 이야기로 만든다. 이것은 확실히 복잡한 현상을 쉽게 이해하기에 좋은 방법이다. 그러나 이런 이야기짓기는 운의 역할을 배제하고, 모든 것이 마치 그래야만 했던 것으로 보이게 만든다.

이야기짓기의 오류는 '생존편향'과도 연결된다. 우리는 성공한 사업가는 더 뛰어난 능력을 가지고 있으며, 실패한 사업가는 무능력하다고 생각하기 쉽다. 그러나 성공한 사업가가 실패한 사업가보다 더 뛰어나다고 단언하기는 어렵다. 비슷한 시기와 방식으로 사업을 시작해도 어떤 쪽은 성공하는 반면 어떤 쪽은 사라지기 때문이다. 더군다나 성공한 사업가는 발언권을 얻어서 자신의 성공담에 대해 이야기할 수 있지만, 실패한 사업가에게는 마이크가 주어지지 않는다.

실패한 사례는 보이지 않고, 성공한 사례가 과대포장되면 현상을 잘못 파악하게 된다. 성공한 사업가의 말을 어느 정도 걸러들어야 하는 이유가 바로 이 때문이다.

성공에 운이 미치는 영향은 생각보다 크며, 우리의 뇌는 현상을 이해하기 위해 인과관계를 만들어내고 패턴을 찾고자 한다. 성공한 사업가라고 해서 이 모든 것을 이해하지는 못한다. 앞에서 말했듯, 모든 일은 지난 후에야 명확하기 때문에, 성공으로 이끈 선택들이 매우 합리적인 것으로 보일 뿐이다.

혹자는 "운도 실력이 아니냐"고 항변할 수 있다. 그러나 그런 식으로 하자면 실력마저 운으로 바꿀 수 있다. 사업을 하게 된 환경적 요인도 운이며, 적절한 교육과 인적자원을 확보한 것도 운이고, 더 나아가서는 사업가가 그러한 기질을 갖게 만든 부모 밑에서 태어난 것도 운이라고 볼 수 있기 때문이다.

사업에서 운과 실력을 구분하기는 어렵지만 추정해볼 수는 있다. 한 가지 팁을 드리자면, 운의 역할을 과소평가하는 사업가일수록 운이 억세게 좋은 사람이라고 보면 된다. 그것은 운이 벌이는 변덕스러운 일들을 아직 겪지 못했다는 증거이기 때문이다.

이제부터 살펴볼 내용은 '성공이 얼마나 어이없게 이루어지는가'에 대한 것이다. 흔히 알려져 있는, 잘 포장되고 멋들어진 성공 비결이 아니라 생각지도 못한 이유가 성공의 원인임을 알게 될 것이다.

성공이라는 결과가 성공의 원인

흔히 식당이나 음식 사업의 성공 요인으로 신선한 재료만 사용하여 좋은 품질의 요리를 제공하는 것을 꼽는다. 정말 그럴까? 그러기만 하면 다 성공할까? 그렇다면 왜 다른 가게들은 신선한 재료를 쓰지 못할까?

서울 신사동에 있는 B 샌드위치 가게는 그 지역의 대표 맛집 중 하나이다. 가로수길을 찾는 사람이라면 한번쯤은 방문해보거나 적어도 들어는 봤을 정도로 유명하다. 대표 메뉴는 이탈리아 빵인 치아바타로 만드는 샌드위치다. 샌드위치나 햄버거의 맛을 좌우하는 것은 빵이다. B가게가 유명한 것은 직접 만들어 구운 치아바타 때문이다. 쫄깃하고 맛있는데다 갓 구워낸 빵을 사용하기에 신선도가 좋다. 빵 자체가 정말 맛이 있으니 치아바타 샌드위치가 명성을 얻을 수 있었다.

B가게는 사업을 시작한 타이밍도 매우 좋았다. 유학이나 어학연수를 다녀온 세대가 늘어나면서 서양식 식단과 샌드위치가 익숙해지던 때였다. 또한 '브런치'란 단어가 자리잡기 시작했으며, 그로 인해 제대로 된 빵과 재료로 만든 샌드위치 수요가 생기기 시작하던 시점이었다.

가로수길에 매장을 잡은 것도 좋은 포인트였다. 지금은 온갖 가게들이 난립하고 젠트리피케이션이 발생하여 매력이 줄었지만, 당시 가로수길은 서울에서 가장 매력 넘치는 상권 중 하나였고, 강남지역이란 특성상 샌드위치 수요자들도 충분했다.

B가게는 그 덕에 오픈한 지 얼마 되지 않아 가로수길의 대표 맛집으로 떠올랐고, 2년도 안 되어 여의도와 도곡동에 직영매장을 냈다. 이처럼 승승장구하는 B업체에 관심을 둔 곳이 바로 요식업계 진출을 노리던 매일유업이었다. 매일유업은 지분 50%를 인수하면서 추가로 삼청동과 청담동에 매장을 열었다. 대기업이 지분을 인수한 만큼, 사람들은 B업체가 앞으로 승승장구할 것이라고 예상했다.

그런데 결과가 썩 좋지 않았다. 매년 억 단위의 순손실을 기록하더니 자본잠식 상태에 빠졌고, 자신만만하게 냈던 여의도점, 청담점, 삼청동점은 사라졌으며 4개만이 살아남았다. 결국 매일유업은 2015년 4분기에 보유지분을 전량 처분하고 손을 떼기에 이르렀다. 물론 여전히 지점이 남아 있고 장사가 된다는 점에서 보자면 실패라고 할 수는 없다. 하지만 대기업이 지분 참여까지 했다가 처분하고 나간 것을 보자면 실패라고 볼 수 있다.

실패의 원인에 관해 말들이 많다. 하지만 무엇이 되었건 매출의 선순환이 이뤄지지 않으면서 B업체가 자랑했던 치아바타의 맛이 떨어지기 시작한 것은 확실하다.

예전에 그 치아바타 샌드위치가 맛있었던 것은 갓 구워낸 신선한 빵 때문이었는데, 잘 팔려서 상품 회전율이 빠르니 신선도가 좋았던 것이다. 그런데 다른 지점들은 이것이 악순환으로 작용했다. '매출이 제대로 나오지 않는다 → 치아바타의 신선도가 떨어지기 시작한다 → 고객이 치아바타의 맛이 없어서 방문을 꺼린다 → 점포의 매출이 더 하락한다.' 이런 식으로 악순환이 되었던 것이다.

혹자는 "이 가게는 재료가 신선해서 잘된다"라고 생각한다. 하지만 식음료 사업에서 '신선도'와 '품질'은 성공의 요인이 아니라 결과이다. 잘되기 때문에 재료가 신선한 것이고, 잘되기 때문에 품질이 좋은 것이다. 잘되지 않는 집은 재료를 오래 묵혀둘 수밖에 없기에 자연히 신선도와 품질이 떨어지게 된다.

누군가는 "품질을 유지하기 위해 덜 신선한 식재료를 폐기하면 되지 않느냐?"고 반문한다. 말은 쉽지만, 비싼 대신에 최상의 품질을 제공하는 호텔 식당, 또는 돈이 많아 취미로 식당을 운영하는 점주가 아닌 이상에야 불가능한 일이다. 폐기 비용이 생각보다 크기 때문이다. 게다가 하루이틀도 아니고, 언제까지 계속 폐기 비용을 감수해야 할지도 알 수 없다. 나중에 성공하여 방송이나 잡지, 신문 등과 인터뷰할 기회가 있으면 이러한 노력에 대해 어필할 수 있겠지만, 그 정도로 성공하지 못하면 엄청난 폐기 비용을 감수하더라도 알아줄 사람도 없다. 운이 없다면 몇 년이 걸릴 수도 있다. 그것을 감수할 수 있는 사람은 정말 드물다.

자본과 인맥이 만들어내는 성공

노량진 수산시장에서 모듬회로 유명한 H업체도 비슷한 예다. 이 업체는 매우 좋은 품질의 회를 다양한 부위별로 두툼하게 썰어주는 것으로 유명하다. 퀵서비스로 배달시켜 먹는 사람도 많을 정도이다.

그런데 양질의 모듬회를 제공하려면 회전율이 높아야 한다. 주문량이 많아야 더 좋은 생선을 받아올 수 있고 수조에 오래 묵힐 일도 없으며 다양한 부위를 제공할 수 있다. 그런데 이것은 어느 업체나 주문량이 엄청 많으면 가능한 것이므로, H업체만의 독점적 우위가 아니다. 그럼에도 불구하고, H업체는 질 좋은 모듬회로 큰 명성을 누리고 있기에 이 사업모델을 유지할 수 있고, 다른 곳보다도 우위를 점할 수 있는 것이다.

반대로 동네의 활어회 전문 C수산이라는 가상업체를 생각해보자. 그곳도 질 좋은 회를 공급하기 위해서 노력하지만, 매출이 안 좋으면 수조에 넣어둔 질 좋은 생선을 결국 폐기할 수밖에 없게 된다. 그렇다고 물량을 적게 들여놓으면 수조가 허전하여 손님들이 잘 찾지 않고, 어쩌다 많은 손님이 와도 주문량을 맞출 수 없다. 결국 A수산은 주민들이 노력을 알아줄 때까지 수조에 많은 생선을 넣어두며 폐기 손실을 감당하거나, 또는 적은 양을 주문하는 수밖에 없다. 어느 쪽이건 매출이 유의미하게 늘어나지 않는다면 상황은 계속 나빠진다. 악순환의 반복인 셈이다. 이 상황을 타개할 방법은 두 가지다.

먼저 사업주 본인의 영향력이나 주변의 인맥을 이용하여 초기의 선순환을 만들어내는 것이다. 인맥과 영향력을 갖추고 있으면, 상품이나 서비스가 아주 흔한 것만 아니라면 쉽게 알려진다. 심지어 가게를 아직 오픈하지도 않았는데 화제가 되거나 인기를 끄는 곳들도 있다. 이것은 영향력 있는 사업주들이 사업 전에 이미 다양한 활동을 통해 팬층을 확보하거나 인지도를 쌓아올린 경우이다. 이런 것이 없다면 대체 그곳을 누가 어떻게 알고 찾아온단 말인가?

　영향력 있는 인물들을 많이 알고 있는 것도 집객, 노출효과가 있다. 예를 들어 기자 출신들이 오픈하는 가게는 유리한 위치에 있을 수 있다. 다양한 인맥을 쌓아두었기에 영향력 있는 인물들을 불러모으기가 수월하며, 미디어에 기사화되기도 비교적 쉽다. 연예인, 인스타그램 등 SNS에서 주목받는 사람들을 많이 알고 있어도 매우 유리하다. 초기에 훌륭한 확산자가 되어주기 때문이다.

　다른 해법으로는 초기의 손실을 감수하면서 선순환이 발생할 때까지 자본을 꾸준히 투입하는 것이다. 악순환에 빠지지 않고 버텨내려면 충분한 자본이 있어야 한다. 선택한 아이템의 수요가 충분하고 경쟁력이 있다면 결국 초기의 손실이 수익으로 전환되기 때문이다. 이는 국내외의 수많은 스타트업들이 초기에 이익은 고사하고 손실만 보면서도 투자받은 자본금으로 버티고 있는 것과 비슷하다.

　일본 소프트뱅크의 손정의 회장이 투자한 것으로 유명한 쿠팡이 대표적인 예이다. 쿠팡은 2015년에 매출은 1조1,300억 원을 기록했으나 순손실이 -5,260억 원이었고, 2016년에는 매출은 1조9,000억 원으로 크게 증가했으나 순손실은 오히려 늘어나서 -5,600억 원을 기록했다. 이처럼 매년 큰 손실을 보면서도 유지될 수 있는 비결은 자본의 추가 수혈 덕분이다. 2015년 9,000억 원, 2016년에는 4,500억 원이 들어왔다. 자본이 잠식되는 상태라도 결국 선순환으로 수익을 낼 것이라 기대했기 때문이다.

　작은 사업도 이와 크게 다르지 않다. 결국 인맥과 영향력으로 초기 성공을 만들어내거나, 자본으로 실패를 최대한 미룬다. 그리고 성공이 또 다른 성공을 만들어내는 선순환을 일으키는 데 초점을 맞춘다.

물론 가상의 C수산은 기존의 방법이 안 되면 다른 방법을 찾아야 할 것이다. 그러나 한번 악순환에 빠지면 운신의 폭이 좁아지기에 선택의 가짓수도 줄어들게 된다. 거기서 벗어나는 것은 보통의 상황일 때보다 어렵다. 그래서 '잘되기 때문에 더 잘되는 사업자'들이 보통 사람보다 우월하다고 말하기는 어렵다.

그런데 사업 성공의 결과가 원인으로 잘못 알려지는 경우가 많다. 자신의 성공이 인맥이나 자본 때문이라고 말하는 사람을 본 적이 있는가? 대부분 이런 이야기는 빼고, 상품이 얼마나 훌륭하고 자신의 안목이 뛰어난지를 이야기하느라 바쁘다. 그러나 인맥과 영향력, 자본이 없었다면 성공 확률은 크게 떨어졌을 것이다.

아이템 만능주의의 함정

흔히 아이템이 좋으면 성공할 것이라고 믿는 사람들이 많다. 최고의 아이템을 발굴하고 시장에 내놓으면 큰 인기를 끌 것이라고 말이다. 그러나 이것은 순진한 생각이다. 잘 팔리는 것과 훌륭한 상품은 별개인 경우가 많다.

누군가는 VHS와 베타맥스의 비디오테이프 표준화 전쟁을 기억할 것이다. 베타맥스는 VHS에 비해 화질도 좋고 노이즈도 적으며 크기도 작은데다가, 1년 먼저 등장해서 시장을 선점했다. 그러나 이 표준화 전쟁에서 베타맥스가 승리했던가? 결과적으론 VHS가 압승을 거두었고, 베타맥스를 구경이라도 해본 사람은 소수에 불과하다.

맥주를 예로 들어보자. 현재 세계에서 가장 많이 팔리는 맥주는 중국의 쉬에화(雪花, Snow)이다. 전 세계 맥주시장에서 시장점유율이 5%에 달한다. 그 뒤를 잇는 것이 양꼬치 가게에 가면 늘 찾게 되는 칭따오, 그리고 세계 최대의 맥주회사인 AB인베브의 버드와이저와 버드라이트인데, 이들의 시장점유율은 각각 쉬에화의 절반 수준에 불과하다. 그렇다면 쉬에화가 세계에서 가장 훌륭한 맥주일까?

이번에는 국내 맥주시장을 보자. 2014년 시장점유율이 가장 높은 맥주는 카스 후레쉬(21.6%)와 하이트(18%)였다. 그런데 이 둘이 한국에서 가장 훌륭하고 좋은 맥주일까? 오히려 맥주를 사랑하는 마니아층에서 두 맥주에 대한 평가는 그리 좋지 못하다.

롯데주류에서 지난 2014년에 출시한 클라우드는 소비자들로부터 맛과 품질에서 기존 맥주들보다 좋은 평가를 받았다. 회사 내부에서 클라우드의 시장점유율을 10%까지 예상할 정도였다. 그런데 정작 상황은 반대로 흘러갔다. 2017년 초에는 시장점유율이 4% 정도로 예측될 만큼 줄어들었다.

이유는 간단하다. 맥주는 대부분 음식점 등 업소에서 소비된다. 카스와 하이트가 우리나라의 대표 맥주가 될 수 있었던 것은 음식점과 업소에 뿌려놓은 유통망이 매우 탄탄하기 때문이다. 그에 비해 롯데주류는 영업력도 유통망도 갖추지 못했다. 롯데주류가 2017년 초에 30년 영업맨을 대표로 임명한 것도 바로 그 부분을 자각했기 때문으로 해석된다.

아이템 만능주의의 또 다른 허점은 '그 아이템이 정말 훌륭하다'고 평가한 이가 사업을 구상하는 본인이라는 것이다. 즉, 그저 '그의 눈에만 훌륭한 아이템'일 수 있다. 진정 훌륭한 아이템인지는 사업자의 안목에 달려 있으며, 안목이 낮다면 아이템을 잘못 판단할 수 있다.

훌륭한 안목으로 아이템을 잘 선택했더라도 문제는 또 있다. 소비자들의 안목이 그것을 알아볼 수준에 이르렀는가가 문제이다. 만약 그렇지 못하면 시장에서 아무런 반향을 일으키지 못한다. 예를 들어 소비자보다 안목이 3년 정도 앞선 사업자가 고른 아이템은 사업을 해봤자, 손가락만 빨게 될 수도 있다.

이것은 위대한 경제학자인 케인스가 주식투자를 '미인 콘테스트'에 비유한 것과 유사하다. 그의 명저인『고용, 이자 및 화폐의 일반이론』에는 이 내용이 잘 설명되어 있다.

미인 콘테스트에서 100명의 사진을 보고, 가장 아름다운 6명을 선택하기로 했다. 단, 가장 표를 많이 받은 6명을 선택한 참가자에게 상을 준다고 하자. 이 경우 참가자들은 다른 사람들이 많이 선택할 것 같은 6명의 미인에게 표를 던져야 한다. 자기 눈에 가장 아름다운 사람을 선택해봤자, 그것이 다른 참가자들의 선택과 동떨어져 있다면 보상을 받을 수 없기 때문이다. 이와 똑같은 일이 사업자의 아이템 선택에서도 벌어진다. 그래서 좋은 아이템보다 사람들에게 '좋은 것처럼 보이는 아이템'을 선택하는 것이 더 중요하다.

따라서 중요한 것은 아이템 그 자체가 아니라 '아이템이 만들어낼 수 있는 시장의 크기'다. 아이템이 큰 시장을 만들어내지 못한다면, 사업자의 눈에 아무리 좋아 보여도 통하지 않는다. 이것을 망각하고 아이템에만 집착하는 것은 자신의 세계에 매몰되어 있는 것이나 다름없다. 그런 사람은 성공은 고사하고 생존 확률도 높지 않다.

경영 능력이 없는 '좋은 아이템'의 최후

문제는 또 있다. 바로 경영의 효율 측면이다. 몇 년 전 서울의 뜨는 상권 중에서도 손꼽히는 지역인 연남동을 방문했을 때 눈에 들어온 것이 바로 엠빠나다를 파는 가게였다.

엠빠나다는 반달 모양의 밀가루 반죽 안에 고기와 양념을 채워넣고 구운 스페인 북부 지방과 중남미 지역의 요리다. 어찌 보면 만두와 비슷하지만, 반죽이 빵에 가까우며, 굽거나 튀기는 조리법밖에 없는 것이 차이점이다. '반달 피자'라는 별명을 가진 이탈리아 음식인 깔조네와 비슷하지만, 그보다 작고 손으로 먹는 간단하고 저렴한 음식이다. 당시 이 가게에서 파는 엠빠나다는 내가 국내에서 먹어본 것 중에서 가장 맛있고, 사장님의 자부심을 충분히 증명할 수 있는 수준이었다.

엠빠나다는 테이크아웃을 하기에 아주 좋은 음식이다. 이 점은 '연트럴 파크'라 불리는 경의선 숲길에 위치한 입지와 딱 맞았다. 봄과 가을, 그리고 여름 밤에 그곳에 나가면 사람들이 빼곡히 자리잡고 앉아서 도시락이나 주변 가게에서 테이크아웃 해온 음식을 술과 함께 먹는 풍경을 쉽게 볼 수 있다.

2016년에 그곳에서 인기 있던 가게 중 하나가 테이크아웃 미니 스테이크 가게였음을 감안하면, 엠빠나다 역시 가능성이 있었다. 더군다나 그곳을 찾는 사람들은 새로운 것에 대한 저항감이 낮았다. 게다가 엠빠나다는 개당 4,000원으로, 새로운 것을 시도해보기에 부담되지 않는 가격이었다. 가게의 입지와 주변 분위기, 유동인구의 특성까지 고려할 때 좋은 아이템이라 생각했다.

하지만 문제는 이곳의 운영방식이었다. 우선 동선부터가 엉망이었다. 가게 전면에 카운터를 두고 계산과 포장을 병행했으며 주방은 안쪽에 있었다. 테이크아웃 주문을 하면 사장님이 주방에 가서 엠빠나다를 들고 카운터까지 와서 포장해 주었다. 카운터와 주방 사이에는 테이블이 6개 있었는데, 사장님과 종업원들이 정신없이 왔다갔다 하니 산만할 수밖에 없었다.

더군다나 주문 처리속도가 매우 느렸다. 엠빠나다 하나를 테이크아웃 하기 위해서 10분을 넘게 기다려야 했다. 주문자가 나 하나뿐이었음에도 말이다. 간식 하나 먹자고 앞에 대기인원이 밀린 것도 아닌데 10분 이상 기다려줄 사람은 매우 드물다.

엠빠나다는 굳이 주문을 받아서 그때부터 구워낼 필요가 없다. 미리 많이 구워놓고 주문이 들어오면 따뜻하게 데워서 주면 된다. 기왕이면 구운 엠빠나다를 가게 전면부에 쌓아놓아서 지나가는 사람들이 궁금해하며 한번 먹어볼 마음이 들도록 해야 했다. 엠빠나다를 사서 들고 다니며 먹는 사람이 많아질수록 노출이 잘되어 주문자가 늘어나 선순환이 이뤄진다. 단지 이름만 써놓아서는 무엇인지 알 수 없고, 결국 소비로 이어지지 않는다.

일반적으로 테이크아웃은 회전율을 높일 수 있으므로 매출 극대화에 가장 좋은 수단이다. 그러나 정작 이 가게는 좋은 아이템을 잡고도 주문과 동시에 판매할 수 있는 시스템이 없었기에 고스란히 잠재 매출의 상실로 이어졌다. 결국 이러한 비효율 때문인지 창업한 지 겨우 반년 만에 사라졌고, 그 빈자리는 화장품 가게가 차지했다. 아이템이 그처럼 중요하다면 엠빠나다 가게는 반드시 성공해야 했지만, 평균 이하의 경영 능력 때문에 문을 닫은 것이다.

좋은 아이템과 성공은 큰 상관관계가 없다. 성공을 좌우하는 것은 다른 요소들인 경우가 많다. 그래서 우리는 케인스의 '미인 콘테스트' 비유를 다시 한번 깊게 생각해볼 필요가 있다. 그런 점에서 '좋은 아이템이 자신의 성공 요인'이라고 말하는 사람들은 아무것도 모를 가능성이 높다고 할 수 있다. 사람들이 줄을 서 있다고 해서 모두 맛집은 아니지 않은가?

오래 버티다가 성공하기도 한다

 예전에 케이크 카페인 D업체 대표의 인터뷰를 본 적이 있다. 이 업체의 성공 스토리는 대단하다. 그는 대학시절에 장학금과 그동안 모은 용돈 등을 털어서 케이크 카페를 차렸다. 그리고 7년 동안 적자를 보다가 8년째부터 턴어라운드를 했으며, 10년이 넘은 해에는 연 매출 300억 원, 고용직원도 300명에 이르는 기업으로 성장했다. 인터뷰에서 대표는 적자를 봤던 7년 동안 무척 힘들었으며 뚝심으로 이겨내고 성공했다고 말했다.

대단한 성공임에 분명하다. 자영업이 영세업체에 머물지 않고 기업으로 성장하는 것은 사업자 본인뿐만 아니라 경제 전체적으로도 좋은 일이다. 그래서 나는 이 대표와 같은 사업자들이 더 많이 늘어나기를 바란다.

성공 요인을 오인한 D업체

그런데 그것과는 별개로, 인터뷰를 보며 대표가 자신의 성공 요인을 제대로 모르고 있다는 느낌을 강하게 받았다. 대표는 성공 비결을 다음의 다섯 가지로 꼽았다.

첫째, 대형 프랜차이즈 업체처럼 안정제나 보존제 같은 화학물질을 넣지 않았다. 둘째, 뛰어난 제과학교 출신의 인력들이 당일 아침에 만든 케이크를 판다. 셋째, 비싼 재료들만 쓴다. 넷째, 케이크 크기를 다양화해서 3호짜리 케이크를 8등분 해서 판다. 다섯째, 상품의 정의를 바꿨다. 여기서 허점이 보이는 부분은 첫 번째에서 세 번째 성공 요인이다.

먼저 첫 번째 요인을 보자면, D업체의 대표는 화학물질을 넣지 않았다고 하는데 제빵이야말로 화학 그 자체라고 할 수 있다. 제빵은 정확한 계량과 순서, 조리과정을 따르지 않으면 절대 동일한 결과물이 나올 수 없다. 제빵의 모든 과정이 화학반응의 연속이기 때문이다.

안정제라고 하니 인체에 유해한 물질 같지만, 제빵에서 사용되는 안정제는 젤라틴, 한천, 펙틴, 검 등이다. 젤라틴은 돼지껍데기에 많이 들어 있는 콜라겐을 정제한 것이고, 한천은 우뭇가사리를 삶아 말리는 과정에서 얻어낸 젤리 형태의 탄수화물이다. 펙틴은 과일과 채소의 세포막과 세포벽 안에 들어 있는 물질로 가열을 통해 추출한다. 펙틴과 검은 우리가 일부러라도 섭취하는 식이섬유에 해당한다. 이런 물질을 '화학물질'로 취급하는 것이 옳은지 생각해봐야 한다. 또한 보존제도 독성이 나타나는 수준보다 적게 사용하면 문제가 없다. 결론만 말하자면, 제빵에서 화학물질을 빼버리면 제빵 자체가 불가능하다.

두 번째 요인으로는 당일 아침에 만든 케이크를 판다는 것이었다. 그런데 이것은 신선도에 대한 소비자의 무지 때문에 빚어진 오해다. 파운드 케이크, 당근 케이크, 생크림 케이크처럼 버터와 크림 등 유제품을 넣어 만든 무거운 케이크는 당일에 먹는 것보다 하루 정도 냉장 보관했다가 다음날 먹는 것이 더 맛있다. 숙성과정에서 유제품과 수분이 고루 퍼지면서 맛이 부드러워지기 때문이다. 마치 고기를 구울 때 레스팅을 해야 수분이 고르게 퍼지면서 더 맛있어지는 것과 비슷하다고 보면 된다.

세 번째 요인은 들으면서 가장 이상한 느낌을 받은 부분이다. 인터뷰에서 대표는 비싼 재료만 사용한다면서 35개 매장에서 하루에 소비하는 생크림이 1만7천 리터라며, 국내 디저트 전문점 중에서 가장 많은 양의 생크림을 사용한다고 했다. 이 수치는 너무 과도했다. 하루 케이크 판매량이 1,500~2,000판이라고 했으니, 매장당 판매량은 약 42~57판이다. 하루에 생크림을 매장당 485리터 사용한다면 케이크 하나에 8.5~11.5리터나 쓰는 셈이 된다. 더군다나 식물성이 아닌 동물성 생크림의 소매가는 마트에서 약 8,000원 선이다. 도매가를 4,000원이라고 가정하더라도, 케이크 하나당 생크림 비용만 34,000~46,000원이 나온다. 그곳의 케이크가 조각당 8,000~9,000원임을 감안하면, 다른 재료와 비용을 다 없다고 쳐도 생크림의 비용만 48~63%가 된다.

대표가 말했던 세 가지 성공 요인을 모두 인정하더라도, 정말 이것이 성공 비결인지는 의문이다. 우선 화학물질을 넣지 않고 천연재료만 사용했다고 말하는 곳은 D업체 외에도 많다. 하지만 다른 업체들은 그와 같은 성공을 거두지 못하고 있다. 당일 생산된 케이크를 당일에 판매하는 것과 좋은 재료만 사용한다는 것도 마찬가지다. 그것은 높은 회전율의 결과이지 원인은 아니다.

대표가 밝힌 매출도 숫자가 맞지 않았다. 조각 케이크가 8,000~9,000원이며 케이크 한 판당 8조각이 나오므로 한 판의 매출액은 최대 7만2천 원이다. 그가 밝힌 하루 판매량이 1,500~2,000판이니 하루 케이크 매출은 1억800만~1억4,400만 원으로, 한 달 30일을 가정하면 월 매출은 32억 원이다. 이는 대표가 직접 밝힌 월 매출 20억 원을 훌쩍 뛰어넘는다. 더군다나 음료를 포함하지 않은 케이크 매출만 고려했을 때의 이야기다. 이것으로 보건대 대표는 현재 사업이 어떻게 돌아가는지를 제대로 파악하지 못하고 있을 가능성이 있다.

장기 영업이 가진 강력한 이점

대표의 생각과는 달리, 이곳의 성공 포인트는 '오래 장사한 것'일 수 있다. 인터뷰에 따르면 월 매출이 2~3천만 원씩 나왔음에도 7년 동안 적자였다가 2호점 오픈이라는 도박에 성공하면서 숨통을 틀 수 있었다고 한다. 여기서 핵심은 적자가 났음에도 7년 동안이나 영업을 했다는 것이다.

대부분의 가게들은 영업을 이렇게 오래하지 못한다. 2017년 초까지 상가임대차보호법상의 계약기간이 5년이었기에 권리금을 회수하기 위해서는 그 기간 안에 임차인을 구해야 한다. 더군다나 목 좋은 상권이라면 임대료 상승률이 높아서 버티지 못하는 경우도 있다. 한 자리에서 영업을 하다가 가게를 접거나 옮기면 그 자리에서 유치한 고객들을 어느 정도 잃게 된다.

따라서 우리나라의 자영업자들은 기본적으로 5년이라는 짧은 여유밖에 없다. 사업을 그 안에 제대로 안착시켜야만 한다. 만약 매출도 잘 나오고 인지도도 얻어서 브랜드 파워가 생겼다면, 재계약을 거부당해도 이전해서 어떻게든 이어나갈 수 있다. 그러나 그러지 못했다면, 재계약을 거부당하는 순간, 그동안 들인 시간과 노력이 물거품이 되고 초기화되어 버린다.

사업을 5년 안에 안착시키는 것은 쉽지 않다. 브랜드 가치까지 생기려면 늦어도 3년 안에는 소비자의 관심과 반응을 크게 얻어야 한다. 그런데 훌륭한 아이템을 잡고 운영을 제대로 해도, 3년 안에 매출이 제법 나오는 가게로 키우는 것은 결코 쉽지 않다.

이탈리아 모데나에 있는 오스테리아 프란체스카나 레스토랑을 예로 들어보자. 이 레스토랑은 미슐랭 3스타이자 2016년 '세계 최고의 레스토랑 50(the world's 50 best restaurants)'에서 1위로 선정된 곳이다. 이곳은 처음부터 좋았을까? 그렇지 않다.

처음 문을 연 1995년부터 이탈리아 요리의 전통을 파괴한 모던 쿠진을 시도했는데, 이 때문에 비난을 받고 비평가들로부터 무시당했다. 이 평가가 반전되는 데 무려 6년이 걸렸고, 그로부터 1년이 되지 않아 미슐랭 1스타 레스토랑이 되었다.[10] 이런 곳조차도 사람들이 진가를 알아보기까지 꽤 오랜 시간이 걸린 것이다.

성공할 수밖에 없는 훌륭한 아이템이라도, 이처럼 주목받고 수요가 생기기까지는 시간이 걸린다. 얼마나 걸릴지는 운이 큰 영향을 미친다. 아이템을 잘 고르고 선점하더라도, 그것이 터지기 전까지 유지하기가 힘들어 접는 경우도 허다하다. 그래서 '잘 버티는 것'이 중요하다.

D업체는 7년을 버텼다. 인터뷰에 따르면, 7년의 적자 끝에 2호점을 오픈하면서부터 성공가도를 달렸다. 그런데 그 시기는 페이스북, 인스타그램 같은 SNS가 국내에서 본격적으로 확산되던 때와 겹친다. 여기에 더해 그곳의 케이크는 아름다운 비주얼로 유명한데, 당시 그러한 미국식 케이크가 유행을 탔다. 결과적으로 SNS의 확산과 더불어 소비자들이 찍은 사진으로 구매욕을 자극할 수 있었고, 그것을 보는 사람들로 하여금 연쇄적인 소비로 이어지게 만들었다. 오래 영업할 수 있었기에 그러한 좋은 흐름도 탈 수 있었던 셈이다.

그렇다면 적자에도 불구하고, 어떻게 7년을 버틸 수 있었을까? 힌트는 업체 대표의 배경에 있다. 처음 가게를 차린 지역은 인천의 핵심 상권으로, 대표의 부친이 그 상권 중심 빌딩의 건물주였다. 부친의 건물에서 가게를 했기에, 다른 지역에서 영업을 했다면 겪었을 계약 만기와 권리금 회수를 걱정하지 않아도 되었다. 부모의 도움을 받지 않았다고 주장하는 것과 달리, 이것은 절대적인 이점이다.

더군다나 사업을 시작할 때 최초 자본금은 8,000만 원이었다. 그 돈으로는 절대 핵심 상권의 입지 좋은 가게를 얻지 못한다. 상권과 가게 규모에 따라 다르지만, 권리금과 보증금을 지불하고 나면 남는 돈이 없다. 시설투자 비용까지 고려한다면, 그 돈으로 가게를 차릴 수 있는 곳은 상권이 그리 발전하지 않은 곳뿐이다. 좋은 상권의 좋은 입지 조건에서 사업을 시작하는 것과, 사람들이 많이 오지 않는 곳에서 사업을 시작하는 것은 차이가 매우 크다.

앞에서 살펴본 것처럼 오래 장사할 수 있는 여건이 된다는 것은 강력한 이점이다. 이것은 가치투자와도 매우 흡사하다. 가치투자의 기본은 저평가된 주식을 매수하여 장기간 보유하는 것인데, 결국 시간이 저평가된 주식을 적정가치까지 오르게 만든다는 것이다. 마찬가지로 사업 아이템을 잘 고르고 그것의 가치를 소비자들이 높게 평가해줄 때까지 버틸 수 있다면 성공 가능성이 높아진다. 물론 대부분 그때까지 버티기가 매우 힘들다는 것이 문제지만 말이다.

소비자는 매우 자주 틀린다

　　　　　　　　　멋진 성공 비결이 아닌, 매우 어처구니없는 이유가 성공으로 이끄는 경우가 생각보다 많다. 세상이 왜 이렇게 돌아가는지를 이해하려면 효율적 시장과 비효율적 시장에 대해 알아야 한다.

금융시장에 대한 이론 중에서 '효율적 시장 가설(efficient market hypothesis)'이라는 것이 있다. 2013년 노벨경제학상 수상자인 유진 파마에 의해 발전된 이론으로, 이 가설을 한 줄로 요약하면 다음과 같다.

"자산의 가격은 사용 가능한 모든 정보를 반영한 가격이다."

이 말이 조금 어렵게 느껴질 수도 있을 것이다. 예를 들면, 오늘 삼성전자의 주가가 150만 원이라면, 이 가격은 매도자와 매수자가 주가에 영향을 미칠 수 있는 정보(매출 등)를 모두 고려하여 타협점을 이룬 것이다. 새로운 정보가 나오면 가격에 즉각적으로 반영된다. 즉 정보가 즉각 반영되기에 시장이 효율적으로 기능할 수 있다는 것이다.

그러나 실제 현실은 여기에 정확히 들어맞지 않는다. 파마와 함께 노벨경제학상을 수상한 로버트 쉴러는 그의 책 『이상과열』에서 시장이 비효율적으로 움직일 수 있음을 지적했다. 사람들이 문화적, 심리적 요인으로 인해 정보를 왜곡시켜 반영한다는 것이다. 이 책은 2000년에 출간되었는데, 쉴러는 당시의 IT 열풍을 '비이성적 과열'이라고 진단했다. 그리고 책이 출간된 그해 말에 실제로 IT 버블이 붕괴되면서 스타 경제학자로 등극하게 된다.

그렇다면 효율적 시장 가설이 대체 사업이나 비즈니스에 무슨 의미가 있을까? 금융시장에서는 모든 참가자들이 정보에 접근할 수 있으며, 거의 비슷한 정보를 얻고, 거래가 매우 빈번하고 빠르게 이뤄진다. 그런데 가장 효율적으로 움직이는 금융시장에서조차 비효율적이고 비합리적인 일이 흔하게 벌어진다. 사업과 비즈니스에서는 더 흔하다. 그야말로 비효율적 시장이다.

비즈니스에서는 소비자와 판매자 간의 정보 비대칭이 일상적으로 일어난다. 효율적 시장이 그렇게 돌아갈 수 있는 이유 중의 하나는 모두 공통의 정보를 가지고 있고, 그 정보가 시장에 즉각 반영되기 때문이다. 그러나 소비자와 판매자 간의 정보가 불균형과 비대칭을 보이면 서로 판단이 다를 수밖에 없다. 극단적으로 말하면, 판매자 입장에서 볼 때, 소비자는 아무것도 모르며, 아무리 성심성의껏 최고의 상품을 만들어내도 소비자가 그 가치를 알아볼 능력이 없다면 그 상품은 결국 묻힐 수밖에 없다는 말이다. 이것을 알았던 스티브 잡스는 "사용자는 자기가 원하는 것을 모른다"라며 시장조사의 필요성을 무시해버렸을 정도였다. 이를 이해한다면 좋은 상품을 만들면 소비자가 알아볼 것이라는 믿음이 얼마나 허망한 것인지를 알 수 있다.

2017년 5월에 '문재인 구두'가 인터넷에서 크게 이슈가 되었다. 대통

령이 5년 넘게 공식행사마다 신고 다닐 정도로 튼튼하고 좋은 구두였다. 그런데 청와대 비서실에서 이 구두를 더 사기 위해 수소문을 했으나 '4년 전에 폐업했고 기술자들이 다 흩어져서 어려울 것 같다'라는 말을 들었다.

이 구두 브랜드의 이름은 '아지오'였다. 2010년에 40년 경력의 구두 제조 기술자와 청각장애인들이 힘을 합쳐서 만든 수제 구두 브랜드이다. 대표는 좋은 재료로 좋은 수제화를 만들면 전망이 있을 것이라 생각했고 품질 고급화를 추구했다. 그러나 현실은 냉혹했다. 유시민 작가가 모델을 하고, 신세계 온라인 쇼핑몰에 입점하고, 사회적 기업에 선정되었음에도 불구하고 팔리지 않았다. 대통령이 5년이나 신을 정도로 편안하고 품질이 뛰어났음에도 불구하고, 그것을 알아보는 소비자가 없어서 매출이 제대로 안 나왔고, 매출이 낮으니 마케팅도 꾸준히 못하고 신제품을 개발하여 내놓기도 어려워 폐업했다고 한다.

만약 그때까지 어떻게든 버텨서 생존했다면, 7년 만에 이 기회를 통해서 널리 알려져서 기다림에 대한 보상을 받을 수 있었을 것이다. 그나마 이것은 뒤늦게라도 사람들이 가치를 인정해준 경우이다.

현실에서는 아무런 반향도 일으키지 못하고 소리소문없이 사라지고 이름조차 거론되지 못하는 경우가 흔하다. 심지어 좋은 상품을 만들어 내도 소비자들의 편견이나 잘못된 지식과 배치되는 부분 때문에 클레임을 당하고, 나쁜 상품이나 이상한 상품으로 매도당하기도 한다. 성공 스토리에서 거론하는 비결이 진짜가 아닌 이유는 바로 소비시장이 이토록 비효율적이기 때문이다.

만약 소비시장이 효율적이라면, 소비자들은 상품의 가치를 정확하게 인지하고 판단하여 질 나쁜 상품을 도태시키고 좋은 상품을 선택했을 것이다. 그러나 정작 소비자들은 나쁜 상품이라도 거짓말이나 교묘한 설명에 속아 선택하고, 좋은 상품이라도 편견과 다양한 이유로 알아보지 못하고 도태시켜 버린다.

흔히 "소비자의 선택은 언제나 옳다"고 하지만, 소비자가 옳은 선택을 하는 경우는 생각보다 많지 않다. 오히려 '소음'에 속아 매우 자주 틀린 선택을 한다. 그것이 '좋은 상품을 팔았다'라는 성공 비결이 동화에 가까우며, 실제 요인은 지금까지 살펴본 바와 같이 매우 어이없는 것인 경우가 있는 이유이다.

'운칠기삼'의 진짜 의미

앞에서 사업가의 실력이 아닌 운과 같은 외부변수가 성공에 얼마나 큰 영향을 미치는지에 대해서 살펴보았다. 사업에서 성공한 사람들은 판단력과 뚝심으로 가능성을 보고 밀어붙였다며 자신의 능력과 안목을 과시하곤 하지만, 그것은 결과적으로 성공했으니 말할 수 있는 사후 확증 편향이다. 2002년 노벨 경제학상 수상자인 심리학자 대니얼 카너먼이 말한 것처럼, '직관과 예감은 이미 사실로 판명난 것들을 위해 준비된 단어'이다.

성공한 사람들이 저지르는 운에 대한 의도적 무시는 매우 쉽게 일어난다. 하지만 그와 반대로 운이 얼마나 큰 영향을 미치는지에 대한 통찰도 존재한다. 흔히 의례적으로 하는 말이라고 생각하는 '운칠기삼'이 그것이다. 알다시피 '운이 7할, 재주나 노력이 3할'이라는 뜻이다. 그러나 이에 대해 잘못 이해하고 있는 경우가 많다. 운을 의도적으로 무시하는 사람들은 이 말이 자신의 노력과 능력을 무시한다고 여겨 화를 낸다. 반대로 어떤 사람들은 '인생은 운빨'이라면서 이 말을 사용하기도 한다. 양쪽 모두 너무 극단적이다.

2015년 1월, 미국 존스홉킨스대학의 킴멜 암센터에서는 인체의 장기에서 생기는 악성 종양의 2/3는 무작위적인 돌연변이에 의해 발생한다는 연구를 내놓았다.[11] 여기서 무작위적인 돌연변이는 쉽게 말하자면 '운'이다. 연구팀에서 조사한 31개 조직 중에서 22개는 무작위적인 돌연변이와 관련이 있었고, 나머지 9개는 다른 요인들이 복합적으로 작용하여 발병한 것으로 나타났다. 이 연구에 따르면, 우리가 암을 예방하겠다고 온갖 노력을 기울여도 그 노력이 영향을 미치는 조직은 9개에 불과하며, 그나마도 발병률을 0%로 만들지는 못한다는 것이다. 결국 암은 100% 막을 수 없으며, 여기에 운이 큰 영향을 미친다는 말이다.

그렇다면 운동과 음식 조절 같은 노력은 무의미한 것일까? 그렇지 않다. 발병 위험을 크게 줄이지는 못하더라도, 특정 암은 노력을 통해 위험 요인을 최대한 피하면 발병률을 줄일 수 있다. 흔히 말하는 운칠기삼도 마찬가지다. 노력이 미치는 영향이 생각보다 훨씬 적다뿐이지, 아무런 영향을 못 미친다는 뜻이 아니기 때문이다.

사업에서는 작은 차이로 성패가 갈리는 일이 흔하게 벌어진다. 개인의 노력이 그 작은 차이를 만들 수 있다. 거기에 적당한 운도 따른다면 제법 큰 결과의 차이를 가져오기도 한다.

운칠기삼에 담긴 진짜 의미란 바로 이런 것이다. 생각보다 개인의 노력과 실력이 미치는 영향은 보잘것없지만, 적어도 그것이 작은 차이를 만들 수 있다는 점에서 유의미하다는 것 말이다.

별다방 커피가 비싼 이유

Part 4

제대로 아는 사람은 드문 원가의 개념

재료비와 가격의 비율

우리나라는 왜 식료품이 비쌀까

가격 헬적화의 진실

대형 프랜차이즈가 골목 상권을 망친다?

제대로 아는 사람은 드문 원가의 개념

　　　　　　　　　　매년 시기와 품목만 달리하여 원가 논란이 벌어진다. 'X라는 상품의 원가는 Y원밖에 되지 않는데 Z원이나 받고 있다'라는 식으로, 판매자가 폭리를 취하고 있다는 뉘앙스를 풍긴다. 처음에는 커피로 시작해서 팥빙수 등의 먹거리 전반으로 퍼져 나갔고, 최근에는 치킨과 삼계탕까지 원가를 따지게 되었다.

　언론들은 앞다퉈 이러한 원가 논란을 만들면서 소비시장에 대한 신뢰를 하락시킨다. 이것은 옐로 저널리즘의 문제를 그대로 보여준다. 분노를 자극하는 것이 사람들의 관심을 일으키기에 가장 좋은 수단이므로, 경제 뉴스에서 곧잘 원가 관련 문제들을 다루는 것이다.

　사실 일반인들의 원가에 대한 인식도 여기서 크게 벗어나지 못한다. 많은 사람들이 '원가가 얼마 되지도 않는 걸 비싸게 판다'라는 인식을 하고 있기에 옐로 저널리즘이 통하는 것이다. 그러나 냉정하게 말하면, 대다수의 사람들은 원가가 정확히 어떤 개념인지 모른다. 자영업을 하고 있는 사업자들도 마찬가지다. 물어보면 사람마다 원가의 개념을 서로 다르게 잡고 있음을 알 수 있다.

　원가라고 하면 사람들은 보통 '재료비'를 떠올린다. 대표적인 것이

벌써 10년 이상 반복되고 있는 커피의 원가 논란이다. 이 논란에서 늘 반복되는 것은 원두 가격은 겨우 몇 백 원인데 커피 전문점에서는 10배 가까운 가격을 붙여 폭리를 취한다는 것이다. 여름에는 여기에 얼음과 양에 대한 논란이 추가된다.

원가는 변동적이다

먼저 알아야 할 것은 원가는 정확하게 정해진 비용이 아니라, 실제로는 존재하지 않는 사후 개념에 가깝다는 점이다. 원가는 회계적 개념이다. 당장 커피 한 잔을 팔았을 때 원가가 얼마인지는 알 수 없다. 어떤 커피 전문점에서 일주일에 1,000잔 팔릴 것을 기대하고 원두를 볶고 준비해뒀다고 하자. 그런데 실제 판매량은 500잔밖에 되지 않으면, 미리 준비해둔 원두는 산패되어 쓸 수 없어진다. 이 경우 실질적으로 한 잔에 들어가는 원두 비용이 두 배가 된 셈이다. 물론 이것은 원가의 개념을 이해하기 위한 극단적인 예로, 실제로 이렇게 운영하는 가게가 있다면 금방 문을 닫게 될 것이다. 핵심은 원가란 이처럼 고정된 것이 아니라 상황에 따라 변하는 비용이란 점이다.

또한 원가에 재료비만 포함하는 것도 잘못된 인식이다. 회계상에서 원가는 제조원가를 말하는데, 제품의 제조를 위해 들어간 직간접 비용을 모두 포함한다. 재료비뿐만 아니라 노동비용, 기타 경비가 포함되며 간접적인 비용까지 더한다. 즉, 상품의 제조를 위해 들어간 재료비와 노동비용, 임대료, 전기료, 시설장비 및 유지·관리 비용 등을 모두 합한 개념이다. 이것만 해도 우리가 곧잘 말하는 원가와는 엄청난 거리가 있음을 알 수 있다.

제조원가의 개념은 보통 제조업에 적용되며, 유통업과 서비스업에서는 판매·관리 비용까지 추가해야 한다. 이것까지 고려한다면, 진짜 원가와 우리가 어설프게 알고 있던 원가는 전혀 다른 개념이 된다.

자영업자들조차도 원가 개념이 분명치 않다. 보통은 재료비, 인건비, 임대료까지는 포함해서 계산하지만, 사람에 따라 포함하는 항목이 서로 다르다. 엄밀히 말하면, 자영업자의 노동비용도 포함해야 하지만, 이것을 포함하여 계산하는 사람은 극히 드물다. "자영업은 자영업자의 노동력을 갈아넣어 수익을 만든다"는 말이 나오는 이유가 이것 때문이다. 원래 본인의 노동비용을 제하고도 수익이 나와야 하는 것이 정상이다. 그런데 본인의 노동력뿐만 아니라 가족의 무급 노동력을 투입하여 겨우 수익을 만드는 경우가 제법 있다.

앞에서 소개한 원가 개념을 기억하며 커피의 원가를 계산해보자. 커피 5,000잔을 내릴 수 있는 원두를 250만 원에 샀고, 임대료는 월 300만 원이며, 한 달 전기료 및 공과금은 50만 원, 알바생 2명의 임금은 350만 원, 각종 보험료 10만 원, 기름값 30만 원, 식대 30만 원이라고 가정하자.

한 달에 커피 4,000잔을 팔고 남은 원두는 폐기한다고 쳤을 때, 한 잔에 들어간 원가는 총 얼마일까? 계산해보면 2,550원이다. 이것은 실제 비용 중 일부만 포함해 계산한 예에 불과하다. 자영업자의 노동비용을 포함하지도 않은 것이다. 그럼에도 불구하고 한 잔당 비용이 원두 가격의 몇 배에 달한다.

치킨은 싼가, 비싼가

2017년 여름에 한참 논란이 일었던 치킨 원가에 대해 이야기해보자. 사람들은 생닭의 가격이 굉장히 낮다며, 치킨집이 폭리를 취하고 있다고 분노했다. 그러나 앞서 말했듯이 원가는 그리 단순한 것이 아니다. 재료비와 원가는 엄연히 다른 개념이며, 생닭은 치킨에 들어가는 재료 중 하나에 불과하다.

소비시장의 상품을 생산하기 위해서는 세 가지 요소를 투입해야 한다. 첫째, 생산에 필요한 원재료, 둘째, 생산에 필요한 노동력, 셋째, 상품을 생산하고 판매할 공간이다. 이 세 가지 중 하나라도 없으면 상품을 생산할 수 없다. 따라서 원가를 산정할 때는 원재료뿐만 아니라 인건비와 임대료의 변동도 고려해야 한다. 일반적으로 임대료는 지속적으로 상승하는 경향이 있다. 연간 4%씩 오른다고 가정하자. 한편 최근 10년 동안 최저임금은 연간 약 7%씩 상승했다. 이를 가정하고 계산해보면, 10년 전에 비해 임대료는 48%가 오르고 인건비는 96%가 오른 셈이다.

생산의 3요소 중에서 두 가지 요소에서 이처럼 가격 상승 압력이 있는데, 단순히 생닭의 가격이 하락했다고 해서 치킨 가격을 낮춰야 한다고 주장하기는 어렵다. 생닭 가격은 아래위로 출렁대지만, 임대료와 인건비는 계속 오르기 때문이다. 따라서 생닭 가격이 떨어져도 치킨 가격이 하락하기는 어려운 특징이 있다.

이것은 사실 치킨뿐만 아니라 모든 상품이 마찬가지다. 이 점을 염두에 두면 거의 모든 상품의 가격 구조를 이해할 수 있다. 편의점 커피가 카페 커피에 비해 매우 저렴할 수 있는 이유는 사람이 아니라 기계가 커피를 내리며 앉을 공간을 제공하지 않기 때문이다. 로드샵이 아닌, 온라인 구매와 기계로 생산한 상품의 가격이 비교적 저렴한 것도 마찬가지 이치다.

이 점을 감안하고 치킨 가격을 다시 한번 바라보자. 양념 치킨이든 프라이드 치킨이든 한 마리의 닭으로 만든 훌륭하고 맛있는 음식이다. 고기로 된, 이 정도로 훌륭한 요리를, 그것도 무려 집에서 배달해 먹는 데 드는 비용이 1만 원 후반대라면 그리 비싸다고 보기 어렵다. 우리가 그동안 너무 의식 없이 누리고 살아서 그렇지, 배달 서비스는 결코 저렴한 시스템이 아니다.

최근 택배기사들에 대한 처우 문제와 택배비에 대해서 많은 이야기가 오가고 있다. 택배기사가 한 건당 받는 금액이 너무 적다는 것이다. 물건을 집까지 편하게 배달받는 데 3,000원 정도라면 분명 지나치게 저렴한 가격이다. 그렇다면 음식 배달이란 측면은 어떨까? 이 또한 마찬가지 아닐까?

배달 서비스를 하지 않는 중저가 치킨 프랜차이즈들은 가격이 1만 원 선에서 형성되어 있다. 사실 우리가 비싸다고 하는 치킨 프랜차이즈들은 고급화를 추구하는 고급 브랜드들이다. 그런 브랜드를 구매하면서 비싸다고 할 수 있을까?

가격이 부담된다면 중저가 프랜차이즈의 치킨을 구매하면 된다. 소비자의 가격에 대한 가장 큰 저항은 '구매하지 않는 것'이다. 그런데 중저가라는 선택지가 있음에도 불구하고, 내가 구매하고 싶으니 싸게 팔라고 요구하는 것은 다소 무리한, 앞뒤가 맞지 않는 행동에 가깝다. 수익 마진을 정하고 가격을 책정하는 것은 어디까지나 판매자의 권리이자 권한이고, 소비자는 소비를 거부하는 것으로 의사표시를 할 수 있기 때문이다.

치킨 가격이 폭리로 보이는 것은 우리가 생산과정에 대해 잘 알지 못하고 관심을 가지지도 않았기 때문이다. 다른 상품이나 서비스도 마찬가지다. 그 분야에 대해 잘 모르기 때문에 폭리로 보일 가능성이 있다. 물론 일감 몰아주기 등의 터널링[12]을 통해 오너가 이익을 따로 빼돌림으로써 가격 상승 압력이 높아진 경우도 있을 것이다. 그러나 이런 문제가 발생하지 않도록 막고 그 부분만 감안해야지, 터널링을 빌미로 가격 인하를 요구하는 것은 무리한 것 아닐까?

어쩌면 오히려 폭리를 취한 것은 소비자일지도 모른다. 다른 가격 인상 요인은 외면한 채 가격 인상에 반발하는 것은, 사람들이 그토록 비판하는 대기업에 의한 가격 후려치기와 닮은 부분이 있다. 원가 논란이 바로 그렇다.

재료비와 가격의 비율

 원가에 대한 개념을 짚고 넘어갔으니, 이제 재료비와 가격의 비율에 대해 살펴보자. 앞서 말했듯이, 엄밀한 원가는 재료비에 노동비용, 기타 경비 등을 모두 포함한 개념이지만, 보통 소규모 자영업자들이 상품의 가격을 정할 때에는 이런 식으로 하지 않는다.

자영업자들이 상품 가격을 정할 때 기준이 되는 것은 재료비다. 예를 들어 상품 가격을 정하고 그 안에서 재료비의 비중을 결정한다. 또 다른 방법은 일단 만든 다음 거기에 들어가는 재료비에 일정비를 곱하여 가격을 정하는 것이다. 이 경우 업종과 아이템, 업주의 판단에 따라 다소 다를 수 있지만, 마지노선이 있긴 하다. 가격을 재료비의 3배, 즉 가격에서 재료비의 비중이 약 33%인 것이 마지노선이다.

혹자는 재료비 33%를 빼고 나면 67%나 남으므로 사업주가 크게 이득을 본다고 생각할 수 있다. 그러나 앞에서 말한 것처럼, 재료비 33%에 추가 비용들이 더해짐으로써 원가는 그 선을 훌쩍 넘어간다. 마지노선이 33%인 것은 어떠한 정확한 계산에서 나온 것이 아니다. 1/3은 재료비, 1/3은 임대료, 그리고 남은 1/3은 사업주의 수익과 각종 비용이란 식으로 대략 정한 것이다. 실제로 일본의 경영컨설팅 회사 채리티의 CEO인 다카이 요코는 "일반 음식점에서 원가율(식재료비 비율)이 30%를 넘어서면 대부분 손해가 난다"고 말한 바 있다.[13]

재료비의 3배를 받아도 손해가 나는 이유는 일반적으로 판매하는 상품 1단위에서 임대료 비중이 30%보다 높고, 여기에 시설장비 투자 및 유지 비용 등을 감안하면 더 많은 비용이 빠져나가기 때문이다. 더군다나 앞의 예에서는 계산에 넣지 않았지만, 실제로는 상품가액에 포함되어 있는 10%의 부가가치세(VAT)도 추가로 빠진다. 부가가치세는 소비만 하고 살 때는 크게 느끼지 못하지만, 생산자가 되면 큰 부담으로 다가온다.

특히 원가는 고정되어 있는 것이 아니라 매출에 따라 변동한다. 장사가 잘되지 않으면 상품 1단위당 원가가 상승하기에 수익이 더욱 줄어든다. 반면 장사가 잘되면 단위당 원가가 소폭이나마 하락하기 때문에 수익이 더욱 늘어나게 된다.

이것을 기억하면 현재 한국의 외식업체들이 얼마나 어려운 상황인지를 알 수 있다. 농림축산식품부가 발간한 '2015 외식업체 식재료 구매 현황'에 따르면 외식업체들의 식재료비 비율은 35% 선이 넘는다.

외식업체 매출 대비 식재료비 비율   자료: 농림축산식품부, 2015 외식업체 식재료 구매 현황

	2010년	2011년	2012년	2013년	2014년
식재료비 비율	35.7%	35.7%	35.7%	35.7%	40.6%

앞서 다카이 요코가 말한 원가율(식재료비 비율) 마지노선 30%를 상기해보자. 매출의 평균 35% 이상을 식재료비에 쏟고 있는 것은 참으로 힘든 현실이다. 평균이 이렇다는 것은 상당수가 이보다 더 많이 쓰고 있다는 뜻이다.[14] 대부분의 외식업체들이 매우 힘겹게 영업을 하고 있으며, 그나마 안정적인 곳은 절반도 되지 않는다는 것을 보여준다.

결론적으로 가격이 재료비의 3배인 것은 폭리와는 거리가 멀며, 오히려 할 수 있는 한 가장 마진을 줄인 쪽에 가깝다. 이것은 유통판매업에서도 마찬가지다.

유통판매업은 상품의 구입 단가에 배수를 붙여 가격을 정하는데, 일반적으로 요식업종보다 배수를 더 높게 잡는 편이다. 예를 들어 옷가게의 경우 가게와 입지마다 다르지만, 가격을 구입 단가의 3배 이상 붙이는 경우가 많다. 유통판매업의 특성상 들여놓는 상품의 차별화가 쉽지 않기에 최대한 많은 사람에게 노출될 수 있는 좋은 상권에 입점해야 하기 때문이다. 모두에게 좋은 상권은 당연히 임대료가 높기 때문에 유통판매업은 요식업보다 배수를 높게 잡을 수밖에 없다.

점포마다 모든 상품의 가격에 동일한 배수를 적용하지는 않는다. 즉, 단위 가격에 따라 배수를 달리 적용한다. 일반적으로 단위 가격이 비싼 상품은 배수를 낮게 잡는 편이며, 저렴한 상품은 배수를 높게 잡는다.

실제로 우리가 생활 속에서 접하는 가격 중에서 진정 폭리라고 할 수 있는 것은 매우 드물다. 우리는 그저 원재료비만 생각하고 다른 비용은 전혀 고려하지 않으니 그것이 폭리로 보일 뿐이다. 만약 이런 접근법을 적용한다면, 우리의 노동은 원가가 얼마나 될까? 우리가 하루에 일하는 데 들어가는 원가는 사실상 세끼 밥 정도이다. 누군가가 세끼 밥만 먹으면 충분한데 연봉을 몇 천만 원씩이나 받는다고 비난한다면, 그것이 타당하다고 느껴질까? 그렇지 않을 것이다.

무지와 편견으로 인한 불신의 늪에서 벗어나야 한다. 이것을 이해하지 못한다면 소비시장에 대한 이해도 요원할 뿐더러 누군가 우리의 노동의 대가를 과소평가하는 것도 감수할 수 있어야 한다.

우리나라는 왜 식료품이 비쌀까

 많은 사람들이 울분을 토하는 것 중의 하나가 우리나라의 높은 식료품 가격이다. 최근 큰 화두인 '최저임금 1만 원'에 대한 요구가 본격화되는 데에는 이 비싼 식료품 가격에 대한 불만도 한몫을 했다.

지난 2015년 6월 18일, SBS의 페이스북 뉴스 페이지인 스브스뉴스는 '최저임금 2시간의 돈으로 살 수 있는 것들'이라는 주제로 우리와 다른 나라들의 차이를 비교했다. 당시 우리나라의 최저임금은 5,580원이었는데, 뉴스팀은 최저임금 2시간에 해당하는 11,160원으로 장을 보았다. 산 물건은 물 2리터, 양파 1개, 돼지 목살 184g, 라면 3개, 감자 1개, 바나나 한 송이로 굉장히 조출했다. 그러나 다른 나라의 2시간분 최저임금으로 살 수 있었던 것은 훨씬 풍성했다. 심지어 우리와 최저임금 차이가 가장 적었던 일본 오사카(2015년 기준 838엔)도 살 수 있는 상품이 굉장히 많았다.

이 기사는 순식간에 큰 이슈가 되었고 SNS와 게시판을 휩쓸었다. 많은 사람들이 여기에 분노했다. 기사에서 제시된 주요 선진국들의 최저임금은 1만 원을 넘었으며, 최저임금 2시간분으로 구매할 수 있는 풍성한 먹거리들은 우리의 초라한 장바구니와 비교했을 때 박탈감을 느끼게 했다. 최저임금을 1만 원으로 올리면 우리도 그런 풍요로움을 누릴 수 있지 않을까? 이런 식료품 구매량의 차이는 최저임금 1만원 주장에 더욱 힘을 실어주었다.

익히 알려진 대로, 사실 우리의 식료품 가격은 주요 경제국 중에서도 매우 높은 편이다. 세계 각 도시의 생활비 조사 사이트인 Numbeo의 자료를 보면 그 차이가 명확하게 드러난다. 다음의 그래프는 2017년 6월의 환율을 기준으로 각 도시별 식료품 가격을 원화로 바꿔 비교한 것이다. 서울의 식료품 가격은 선진국의 도시들보다 높고, 물과 담배를 제외하면 사실상 모두 비싼 편이다.

우리나라는 선진국보다 평균 소득도 낮고 최저임금도 낮다. 그런데도 더 비싼 돈을 지불하고 식품을 사야 한다. 심지어 이 데이터는 상품별 가격만 비교했지 품질 차이는 고려하지 않은 것이다. 이러니 사람들의 분노가 최저임금과 소득 상승으로 맞춰질 수밖에 없다.

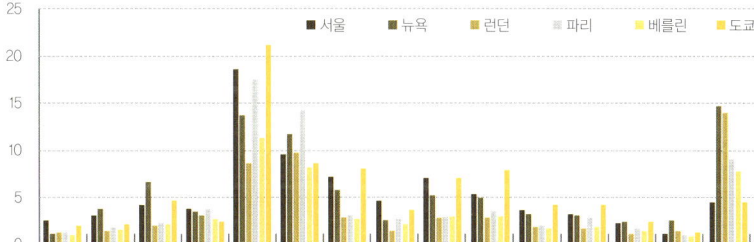

각 도시별 식료품 가격 비교　　　　　　　기준: 달러 | 자료: numbeo.com

유통 거품이라는 편견

왜 우리나라의 식료품은 이렇게 비싼 것일까? 사람들은 유통과정이 문제라고 한다. 중간 상인들이 유통에서 이것저것 다 떼어먹어서 이렇게 비싼 돈을 주고 사먹을 수밖에 없다는 것이다. 그래서인지 '유통과정의 거품을 뺀'이라는 마케팅이 잘 먹히고 있다.

그런데 다음의 표에서 볼 수 있듯이, 우리나라 농산물에서 유통비용이 차지하는 비중은 2015년 기준 43.8%이다.[15] 즉, 소비자가를 100으로 둘 때, 농가가 가져가는 금액은 56.2이고 유통은 43.8이다. 의외로 유통의 비중이 크지 않은 것이다.

유통마진 43.8%가 전부 유통업자의 수익인 것도 아니다. 농산물은 유통과정에서 가공 및 포장, 수송, 상하차, 보관, 손실과 쓰레기 처리 등 다양한 비용이 발생한다. 이 비용 중에서 고정비용이 2/3를 차지한다. 그래서 산지가격이 변동되더라도 소비자가는 큰 움직임이 없다.

선진국이라고 해서 유통마진이 우리보다 낮은 것도 아니다. 미국의 유통마진은 73%이고, 일본은 55%, 대만은 60%를 차지하고 있다.[16] 선진국일수록 냉장 보관과 냉장 수송의 비중이 높고 가공 및 포장, 저장에 많은 비용을 쓰기 때문이다.

농산물 유통비용 구조　　　　　　　　　자료: 한국농수산식품유통공사

	소비자 지불 가격 (100)			
평균	농가 수취 56.2	유통비용 43.8		
비용별		직접비 15.8	간접비 14.0	이윤 14.0

소비자 가격에서 농가 수취 비중이 56.2%라는 점은 의문이 생길 수 있다. 뉴스에서는 산지가격에 비해 소비자 가격이 너무 높다고 하는데 말이다. 그런데 농산물은 작물에 따라 농가 수취 비중이 천차만별이다. 쌀은 농가 수취율이 78.8%나 되지만, 대파는 18.5%에 불과하다.

작물별로 수취율이 차이가 큰 것은 포전거래(밭떼기) 때문이다. 포전거래는 유통업자가 작물을 밭 단위로 일괄 선도매매 계약을 하는 것이다. 농민은 작물을 키우기만 하면 되고 유통업자가 직접 수확해가기 때문에, 수확기에 인력을 고용할 수 없는 농가가 선호하는 경향이 있다. 즉, 포전거래는 유통업자가 수확과 상하차 등의 모든 수확비용을 감수하는 것이다.

일반적으로 농가 수취율이 낮은 작물일수록 포전거래율이 높다. 배추나 무 등 엽근채소류의 평균 포전 거래율은 80%에 달한다. 이것이 바로 배추나 무 가격이 폭락했을 때 농민들이 밭을 갈아엎어버리는 이유이다. 가격이 폭락할 경우 포전거래를 한 유통상인은 계약을 파기할 가능성이 높다. 만약 계약이 파기된 경우 농가는 비싼 돈을 들여 수확해봤자 더 손해이기 때문에 차라리 수확을 포기하는 것이다.

여기까지 이해했다면, 농가 수취율이 가지고 있는 진짜 의미를 알 수 있을 것이다. 농가 수취율이 곧 농가의 수익은 아니며, 그 안에 비용도 들어 있는 것이다.

그런데 소비자 가격에서 유통비용의 비중이 43.8%밖에 되지 않고, 농가 수취율이 56.2%나 되는데다가 농산물 소비가가 비쌈에도, 왜 우리 농가의 수익은 낮을까? 그것은 우리 농가의 농업 생산성이 매우 낮기 때문이다.

주요 선진국과 우리나라는 농업환경의 조건 자체가 너무 차이난다. 다음 표에서 국가별 농경지 면적과 인구 수를 비교해보면, 우리나라는 농경지 1km²당 부양인구가 매우 많다.

토지 비옥도, 농경지 집중도, 농업기술, 품종, 품질, 인건비, 농산물 수입 등을 고려치 않고, 단순히 농경지에서 동일 작물만을 생산한다고 가정할 때, 우리는 농업 생산성이 프랑스보다 9.1배 이상 뛰어나야 동일한 가격에 농산물을 생산할 수 있다.

단순 경지면적만 해도 이 정도 차이가 나는데, 다른 요소까지 고려할 경우 그 차이가 더 벌어진다. 표의 비교 국가들은 공통적으로 농업강국으로 꼽히며, 농업기술과 연구가 발달한 나라들이다. 그에 반해 우리의 농업기술은 비교 국가들에 비해 뒤처져 있다.

그뿐만 아니라 우리 농업이 영세하다는 것도 문제이다. 적은 농경지라도 집중되어 있으면 최대한 효율을 높일 수 있지만, 불행하게도 우리

주요국의 농경지당 인구 수   자료: 세계은행, CIA World Fact Book

	면적(1km²)	농경지 비율	인구(만 명)	농경지 1km²당 인구 수 (명)
한국	100,210	15.3%	5,062	3,301
영국	243,610	25.1%	6,514	1,065
프랑스	551,695	33.4%	6,681	362
독일	357,168	34.1%	8,141	668
일본	377,962	11.7%	12,714	2,875
미국	9,826,675	16.8%	32,140	194

농경지는 잘게 쪼개어져 있고 흩어져 있다. 참고로 우리나라의 농가당 평균 경작지 면적은 1.5ha(0.015km², 약 4,500평)이다. 다음의 표에서 왼쪽의 진하게 표시된 것은 평균 이하의 경작지를 보유한 농가로 전체 농가의 79.3%나 된다.

농가당 경작면적이 크면 대량생산을 통해 생산비용을 낮추고, 수익률이 다소 낮더라도 총 수익 자체는 높일 수 있다. 그러나 영세 농가의 비중이 높으면 생산효율이 낮을 수밖에 없고 그에 따라 생산비용도 높아질 수밖에 없다. 또한 작은 농가들이 흩어져 있기 때문에 유통업자들도 농산물을 매입하기 위해 여러 곳을 돌아다녀야 하므로 유통비용도 높아진다.

현대 국가에서 농업과 농업 생산성은 매우 중요한 문제다. 도시인구가 높은 생산성을 유지하기 위해서는 풍부한 식료품을 저렴한 비용으로 공급할 수 있어야 한다. 선진국의 성장과 발전과정에서도 도시에 공

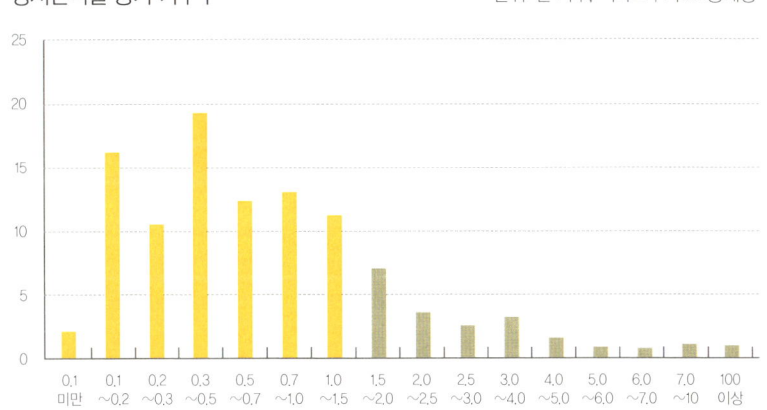

경지면적별 농가 가구수   단위: 만 가구, 헥타르 | 자료: 통계청

급하는 식료품의 가격은 매우 중요한 역할을 했다. 농업 생산성 혁명이 있었기에 과거보다 더 적은 인력이 농업에 종사해도 되었고, 저렴한 가격에 식료품을 공급할 수 있었기에 더 많은 사람들이 제조업과 서비스업에 종사하며 높은 부가가치를 만들 수 있었다.

그러나 이 점에서 우리나라의 상황은 주요 선진국들과 비교했을 때 좋지 않다. 식료품을 생산할 수 있는 환경 자체가 좋지 않고 농업 생산성이 낮다. 따라서 OECD 국가 대비 임금 수준이 낮지 않음에도, 다른 국가에 비해 먹는 데 쪼들리는 삶을 살고 있다. 그 점에서 볼 때 최근의 최저임금 논란은 문제의 핵심이 아니라 부수적인 것으로 볼 수도 있다.

도시민들의 갈수록 증가하는 불만을 해소하기 위해서는 결국 본질적인 문제를 해결하기 위한 접근을 해야 한다. 식료품에 대한 수입을 더 완화하든가, 아니면 농업 부문에 주어지는 보조금을 늘리고 효율을 높이는 방향으로 가든가, 식료품이 더 저렴한 가격에 공급될 수 있도록 해야 한다. 선택의 시간은 점점 다가오고 있다.

가격 헬적화의 진실

 외국에서 판매되는 상품이 국내에 정식 수입되어 판매될 때, 폭리 논란에 시달리는 경우가 많다. 현지에서 사면 싼데 국내에서는 너무 비싸게 판다는 것이다. 혹자는 이것을 일컬어 '가격의 헬적화(한국을 '헬조선'이라 부르는 것의 파생어. 물건이 한국에만 들어오면 비싸진다는 의미)'라고도 한다.

상품 가격에 영향을 미치는 요소들은 매우 많다. 임대료부터 임금과 환율, 세율과 관세, 시장 크기와 수요, 소비자들의 소비 스타일, 국내 동종/경쟁 상품의 평균 가격 등이 모두 직간접적으로 영향을 미친다. 그런데 우리가 폭리라고 주장할 때, 이 모든 것을 고려하여 그러는 것은 아니다. 대부분 단순히 국가 간의 가격을 비교하고, 그 차이를 내가 이해할 수 없다는 이유만으로 폭리라고 규정한다. 국가 간의 가격 차이를 일방적으로 같은 선상에 놓고 비교하는 것은 매우 무의미한 일이다. 앞에서 말했듯, 가격에 영향을 미치는 요소들은 매우 많으며, 그것들이 고려된 결과가 상품의 최종 가격이 되기 때문이다.

스타벅스 커피가 다른 나라보다 비싼 이유

예를 들어 커피의 경우 가격 논란의 단골손님답게 스타벅스의 국가별 커피 가격이 입방아에 자주 오른다. 연합뉴스의 기사에 따르면, 소비자시민모임이 발표한 주요 도시별 물가 조사에서 스타벅스 아메리카노 톨 사이즈의 도시별 가격은 서울이 4,100원, 파리가 4,023원, 도쿄 3,633원, 미국이 2,477원이었다.[17] 이 중에서 평균 임금이 가장 낮은 한국이 커피 가격은 가장 높다는 것이다. 이것만 보면 한국의 스타벅스는 소비자들을 호구로 삼고 엄청난 폭리를 취하고 있는 것으로 보인다.

그런데 정반대의 자료가 있다. 스타벅스 코리아의 2015년 재무제표를 보면 영업이익률이 약 6.1%로, 미주 지역의 23%와 아시아 지역의 33%에 크게 못 미친다.[18] 엄청난 폭리를 취하고 있다면 영업이익률이 다른 지역보다도 훨씬 높아야 정상이다. 높은 가격을 받고 있음에도 불구하고, 가격이 더 저렴한 국가보다 영업이익률이 매우 낮은 것이다. 이것은 우리의 시장 상황이 높은 가격을 매겨야만 겨우 운영할 수 있다는 증거이다.

스타벅스의 커피 가격에 가장 큰 영향을 미치는 요소는 세 가지로 요약할 수 있다. 바로 임대료, 한국 소비자의 소비성향, 경영전략이다.

스타벅스의 국내 입점 전략은 주요 상권의 핵심 지역에 들어가는 것이다. 주요 상권은 임대료가 비싼 것을 감안하면, 스타벅스의 매출 중 임대료 부담 비율은 꽤 높은 편이라고 할 수 있다. 그래서 스타벅스는 건물주와 협의를 통해 매출의 일부분을 수수료 형식으로 지급하고 있다. 매장마다 차이는 있지만 평균적으로 약 12%라고 한다.

그렇다면 뉴욕도 임대료가 매우 비싼데, 어째서 스타벅스 커피가 한국보다 더 저렴할까? 이 부분은 한국 소비자들의 소비성향으로 설명할 수 있다.

스타벅스는 스스로를 '문화를 팔고 공간을 임대하는 기업'이라고 설명한다. 하지만 그렇게 말하는 것치고는, 미국의 스타벅스는 한국보다 매장 면적이 작다. 한국은 상당수가 231㎡(약 70평) 이상인데 반해, 미국은 132~165㎡(약 40~50평)에 불과하다. 한국 소비자들은 좌석을 선호하고, 테이크아웃 비율이 미국이나 유럽의 절반 수준에 불과해서 회전율이 낮기 때문에 매장 면적이 더 큰 것이다.

매장은 회전율이 매우 중요하다. 회전율이 높을수록 매출이 증가하므로 재료의 원가율을 높이거나 가격을 낮출 수 있다. 그런데 소비자들이 테이크아웃을 적게 하고 좌석을 선호할 경우 회전율이 급감할 수밖에 없다.

일본에서 큰 인기를 끈 식당인 오레노는 높은 회전율을 통해 재료비의 비중을 높임으로써 양질의 요리를 저렴하게 제공하는 것을 콘셉트로 하고 있다. 오레노는 이를 위해 입석을 기본으로 두고, 좌석은 추가 요금에 시간 제한까지 걸어둘 정도로 고심했다. 그 덕에 회전율이 높아서 재료비의 비중을 높여 양질의 음식을 제공할 수 있었다. 오레노는 한화리조트&호텔과 계약을 맺고 직영점을 국내에서 운영 중이다. 초기에는 일본과 동일하게 입석을 기본으로 하고, 좌석의 경우 추가 요금, 시간 제한까지 두었다. 그러나 결국 2016년 상반기에 이 정책을 포기하고, 입석을 폐지하고 전 좌석제로 운영하고 있으며 시간제까지 폐지했다. 회전율을 높일 수 있는 영업방식을 포기한 것이다. 한국 소비자들이 이러한 방식을 원치 않았기 때문이다. 이것은 고스란히 가격에 반영된다. 즉, 한국 소비자들의 소비성향 자체가 고비용 구조를 가져오는 것이다.

스타벅스도 한국 소비자들의 이러한 소비성향을 그대로 반영해서 다른 나라보다 더 넓은 매장을 운영할 수밖에 없고, 이는 고스란히 비용 상승으로 이어진다. 더군다나 스타벅스 코리아는 이마트와 스타벅스 미국 본사가 5대 5의 지분을 가지고 공동으로 운영하는 회사라, 국내 매출 중의 일부를 본사에 로열티로 지급해야 한다. 미국의 스타벅스는 로열티가 없으니 당연히 가격이 더 저렴할 수 있다. 이것은 스타벅스뿐만 아니라 해외 브랜드를 국내에서 들여와 운영하는 경우라면 어디든 마찬가지다.

결국 미국보다 소득이 낮은 한국에서 스타벅스 커피가 훨씬 비싼 이유는 스타벅스 코리아의 경영전략과 임대료, 미국과는 다른 소비성향, 해외 본사 지급 로열티 등이 영향을 미치기 때문이다. 이것을 단순히 폭리라고 말하긴 어렵다.

시장의 차이

다른 예로 자동차를 들 수 있다. 자동차에 관심 있는 사람이라면, 같은 모델이라도 한국보다 미국이 더 저렴하고 혜택도 많다는 것을 알고 있다. 이는 시장 크기와 구매력, 경쟁 강도 때문이다.

미국은 세계에서 가장 부유하고 거대한 단일시장이다. 평균소득이

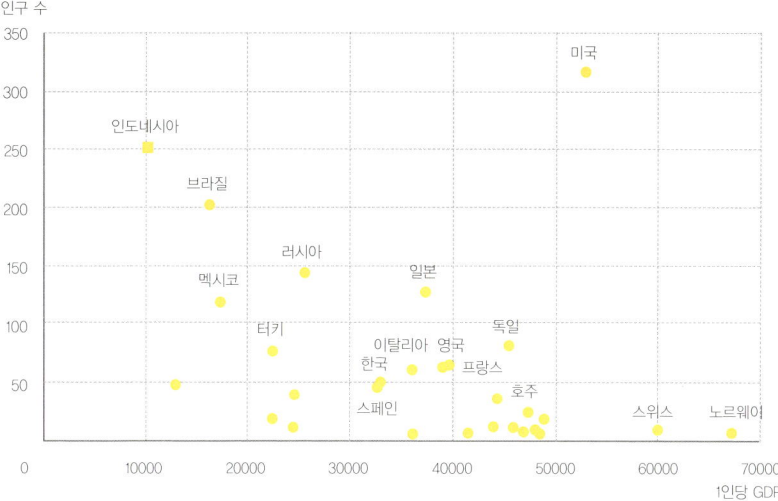

매우 높으며 인구가 3억2천만 명에 달한다. 미국 시장과 맞먹을 곳은 유럽 국가들을 합친 EU 시장밖에 없다. 단일국가 중에서 인구 1억 명과 1인당 GDP 3만 달러를 넘는 국가는 미국과 일본밖에 없다. 그런데 일본은 평균소득이 미국보다 뒤처질 뿐만 아니라 인구가 미국의 1/3 수준인 1억2천만 명이다.

속된 말로 미국은 1인당 구매력과 시장 규모가 깡패인 셈이다. 따라서 미국 시장은 자동차 업체들의 각축장이 될 수밖에 없다. 구매력과 인구가 뒷받침되기 때문에 시장점유율을 올리면 단위당 수익을 낮게 잡더라도 총수익은 더 증가할 수 있다. 그래서 자동차 업체들이 저렴한 가격에 더 많은 혜택을 제공하는 것이다.

수입상품의 가격이 결정되는 요인

해외상품을 수입해서 팔 경우, 국내 가격이 비싸지는 이유는 다양하다. 상품 단가에 국제 운송비와 보험료, 통관비, 관세, 부가가치세가 더해져 기본적인 매입 단가가 정해진다. 여기에 국내 운송비, 창고비와 인건비, 부가가치세 등이 더해지며, 단위당 기대수익을 붙여 최종 가격이 결정된다.

앞에서 유통판매업도 매입 단가와 최종 가격은 몇 배의 차이가 발생할 수밖에 없다고 했다. 그 룰을 동일하게 적용하면, 해외의 어떤 상품이건 국내에 들어오는 순간 당연히 비싸질 수밖에 없다. 따라서 현지 가격과의 비교는 더욱 무의미하다.

판매자가 가격을 결정할 때는 국내 시장 상황과 예상 비용, 예상 매출을 고려한다. 일반적으로 이 과정에서 폭리를 취하기보다는 합리적인 수준에서 가격을 결정하기 마련이다. 국내에 들어온 해외상품의 가격이 현지보다 비싸더라도 그 가격 차이만 놓고 비교해서는 곤란하다. 해외에 나가지 않고도 살 수 있으므로, 가격 차이를 해외로 나가지 않아도 되는 비용으로 인식할 수도 있다.

다만 고가품은 직접 해외로 나가는 비용과 국내외 가격 차이가 크게 줄어들기 때문에 국내 구매의 장점이 사라진다. 예를 들어 2000년대 초중반 압구정 일대에서 전성기를 맞았던 명품 브랜드 샵들은 지금은 거의 철수했다. 요즘은 과거보다 해외에 자주 나가므로, 구매 횟수가 많지 않고 단위당 가격이 비싼 명품이라면 해외로 출국하는 김에 구매하는 것이 어느 면으로 보나 낫기 때문이다. 그러한 변화가 압구정 명품샵의 전성기를 종결지은 원인 중 하나로 볼 수 있다.

폭리가 절대 없다고 말하려는 것은 아니다. 그러나 그 비중은 우리가 생각하는 이상으로 매우 낮다. 폭리 논쟁은 오해와 그로 인한 불신에서 비롯된 경우가 많다. 가격에 수많은 요인들이 영향을 미친다는 점을 기억해야 한다.

대형 프랜차이즈가
골목 상권을 바꾼다?

대기업의 골목 상권 침투가 논란이 되고 있다. 실제로 수많은 대기업들이 분식 사업부터 레스토랑 사업까지 다양한 분야에 진출해 있다. 특히 골목 상권 침투에서 가장 앞장서 있는 것이 대기업 프랜차이즈이기에 비난이 집중된다. 그러나 그들이 정말로 무자비하고 좋은 점은 하나도 없는 절대악인지에 대해 생각해 볼 필요가 있다. 모든 일에 명암이 있는 것처럼, 대형 프랜차이즈도 명과 암이 존재한다. 어두운 부분은 뒤에서 따로 이야기하기로 하고, 우선 밝은 부분을 살펴보자.

1990년대 대기업 프랜차이즈 진입이 쉬웠던 이유

시간을 되돌려서 20여 년 전으로 가보자. 1990년대 초반은 대기업들이 본격적인 프랜차이즈 사업을 시작하던 시점이었다. 대표적인 것이 파리바게트로 1988년부터 시작하여 1990년대 중반에 본격적인 확장기를 맞이했다. 이때의 성공 덕분에 샤니가 모기업이라 할 수 있는 삼립식품을 인수하여 현재의 SPC로 거듭날 수 있었다.

당시 동네의 가게들은 과연 어떠했는가? 냉정하게 말하자면, 동네 가게들의 경쟁력이 별로 높지 않았다. 예를 들어 분식점들은 표준화된 레시피도 없이 감에 의해 조리하고 운영했는데, 이러한 운영방식을 '손맛'이라고 포장해왔다.

문제는 표준화, 계량화 없이 그날그날에 맞춰 하다 보니 품질이 들쑥날쑥했다. 당장 분식집의 대표 메뉴라 할 수 있는 떡볶이만 하더라도 국물의 농도가 매번 달랐고, 떡이 불어터진 날도 있었다. 요리를 해본 사람이라면 알겠지만, 감에 의존하는 방식은 만드는 사람의 그날 컨디션에 따라 맛이나 질 차이가 꽤 크다.

과거 우리나라에서는 오래 장사한 집이 일종의 품질 보증수표였다. 사람들이 긴 세월 동안 찾을 만큼 괜찮다는 증빙이기도 하지만, 같은 음식을 오래 만들면 감에 의존해도 손에 익은 경험이 맛의 편차를 줄여주기 때문이다. 그러나 이런 가게는 드물었고, 대부분 짧은 업력과 경험을 바탕으로 한 감에 의존했기에 품질이 좋은 수준이 아니었다. 그래서 집에서 해먹기 번거롭거나 어려운 자장면, 짬뽕 등의 중화요리나 고깃집이 대표 외식으로 자리잡았다. 이것이 프랜차이즈가 자리잡기 이전 골목 상권의 상황이었다.

어쩔 수 없는 한계였다. 지금도 소비문화가 많이 발달하지 못한 편이지만, 과거에는 지금보다 더 뒤처져 있었다. 그러다 보니 골목 가게들이 만드는 상품의 질이 좋을 리가 없었고, 그때는 정보를 구하기가 어려워서 연구를 통해 상품의 질을 높이는 것도 어려웠다. 이러한 상황에서 프랜차이즈가 들어서기 시작한 것이다.

프랜차이즈와 라파엘로의 미술 공방

프랜차이즈는 본사를 중심으로 여러 개의 체인점을 두고 운영하는 사업방식이다. 요식이나 서비스업의 경우 프랜차이즈는 대량생산의 한 수단이라고 봐야 한다. 실제로 프랜차이즈의 탄생과 확장은 그 업종에서 가장 인기 있는 한 사업체가 다른 직영 체인점이나 프랜차이즈 체인점을 세워서, 본점과 동일한 브랜드를 달고 동일한 상품을 판매하는 것으로 이뤄진다.

어떤 방식으로 운영하든, 프랜차이즈의 핵심은 어디서나 본점과 동일한 서비스를 누릴 수 있게 만드는 것이다. 그래야만 소비자들이 브랜드를 믿고 분점을 찾기 때문이다. 그래서 요식/서비스 프랜차이즈의 본질은 대량생산이라고 볼 수 있다. 대량생산을 위해서는 철저한 품질관리와 표준화가 필수이다. 그런데 점주와 직원의 역량을 본점만큼 끌어올리기는 어렵다. 그래서 생산과정 및 서비스를 단축하고 표준화한다. 이것은 그 이전과는 다른 생산혁신이었다.

사실 이와 유사한 생산혁신은 16세기 미술계에서도 추구된 바 있다. 바로 르네상스 3대 거장 중 하나인 라파엘로 산치오에 의해서였다. 레오나르도 다빈치와 미켈란젤로는 거의 대부분의 작품을 직접 그리거나, 조수 몇 명에게 보조적인 역할만 맡겼기에 많은 작품을 만들 수 없었다.

반면 라파엘로는 많은 조수들을 활용한 공동작업 방식으로 수많은 작품을 찍어냈다. 꼬장꼬장하고 주변 사람들과 매번 트러블을 일으켰던 앞선 두 인물들과 달리, 그는 매우 사교적이고 인기가 많아서 수많은 교회, 왕족, 귀족들이 그의 그림을 소유하기를 원했다. 라파엘로는 밀려드는 주문과 납기를 맞추기 위해서 자신의 공방에서 많은 조수들에게 역할을 맡겨 그림을 '생산'했다. 물론 그가 조수들에게 일을 맡기고 아무것도 안 한 것은 아니다. 아이디어를 내고 화면을 구성하고 마무리하는 작업을 했고, 중간 과정을 조수들이 수행했다. 그의 그림 중 상당수가 이런 식으로 탄생했다.[19]

이런 작품들은 라파엘로가 처음부터 끝까지 그린 것에 비해서 품질이 뒤떨어지는 게 사실이었다. 하지만 사람들은 공정을 관리하고 감독했다는 점만으로 그의 그림이라고 인정하고 만족했다. 즉, 라파엘로가 핵심을 담당했기 때문에 그의 브랜드를 믿고 인정한 것이다.

귀족들의 입장에서는 이것이 득이 되는 일이었다. 라파엘로가 처음부터 끝까지 손을 댄 작품을 소유하려면 엄청나게 비싼 비용을 치러야 했다. 인기가 엄청났기에 돈이 있어도 그림을 얻기 힘들었다. 교황 정도나 되어야 그런 그림을 주문하고 받을 수 있었다. 그러나 공방 방식을 따르면 돈을 덜 들이고도 다른 화가의 작품들보다 뛰어난 거장의 그림을 소유할 수 있었다. 이런 점에서 라파엘로와 그의 그림은 일종의 프랜차이즈 방식의 생산품이라 볼 수 있다.

동네 상품과 서비스의 질을 끌어올린 계기

다시 골목 상권 이야기로 돌아오자. 골목 상권 가게들의 품질과 서비스가 좋지 못할 때, 한 업종에서 가장 잘되는 가게(본점)의 노하우를 전수받은 가맹점들이 골목에 들어왔다. 평균화와 표준화로 변동성을 크게 줄였기에 본점에 준하는 만족을 누릴 수 있게 해주었다.

덕분에 그들은 골목 상권의 기존 가게들보다 상품과 서비스 등에서 평균적인 우위를 점할 수 있었다. 이러한 평균적인 격차가 소비자들로 하여금 프랜차이즈를 이용하게 만든 원동력이었다. 어느 분점을 가도 비슷한 품질의 상품과 서비스를 이용할 수 있으므로 소비 결정이 실패할 확률이 크게 줄어들었던 것이다. 이것이 대기업과 대형 프랜차이즈가 골목을 빠른 속도로 점령한 핵심 요인이라 생각한다.

우리나라는 자본주의의 역사가 짧기 때문에 개인이 경쟁역량을 갖출 만한 충분한 시간이 없었다. 그래서 표준화와 품질관리를 앞세운 우월한 업체에 뒤질 수밖에 없었다. 이로 인해 많은 가게들이 대형 프랜차이즈 업체와의 경쟁에서 패배하며 가맹점으로 탈바꿈하게 되었다. 따라서 표준화된 대량생산품보다 못한 상품을 생산하던 가게들의 수준도 높아질 수 있었다.

덕분에 1990년대 중후반부터 2000년대 중반까지 프랜차이즈의 전성기가 도래했다. 당시에는 브랜드만 뒷받침이 되면 일정 이상은 잘 굴러갔다. 그러나 지금, 그러한 대형 프랜차이즈들이 잘 굴러가는가?

이 질문에 대한 대답은 최소한 '과거만 못하다'이다. 이유는 간단하다. 프랜차이즈가 확장되면서 더 이상 새로울 것도 없고, 과거만큼의 장점도 없어진 것이다. 파리바게트의 경우 2012년에 매장 수가 3,000개를 돌파했고 어디서나 손쉽게 찾아볼 수 있다. 분식의 경우도 마찬가지다. 아딸은 매장 수가 800개에 달하며 죠스떡볶이도 300여 개가 넘는다. 과연 소비자들이 이런 곳들을 초창기처럼 특별하게 생각할지 의문이다.

요즘은 표준화된 프랜차이즈가 이처럼 소비상품의 평균이 되고 흔해졌기에, 더 이상 과거와는 다르다. 대형 프랜차이즈들이 가지고 있는 영향력과 경쟁력, 시장 우위가 전성기였던 1990년대만 못하다. 2010년대인 현재 골목의 가게들이 경쟁에서 밀리는 원인을 대기업과 대형 프랜차이즈에서 찾기는 어렵다. 상품의 질이나 서비스가 대량생산을 하는 프랜차이즈만도 못하거나, 비슷하면서 가격은 더 비싸기 때문이다. 평균보다 낮은 경쟁력을 가지고 있다면 이길 수 없는 것이 당연하다.

그래서인지 현재의 골목 가게들은 과거에 비해 상품과 서비스의 질이 대기업 프랜차이즈보다 우위에 있는 경우가 크게 늘어났다. 최근 10년 동안 가장 빠르게 저변이 확산된 커피의 경우를 예로 들어보자. 아예 상권이 죽은 지역이 아닌 이상에야, 동네마다 커피 맛이 프랜차이즈 카페보다 나은 곳이 한둘쯤은 있을 것이다. 빵집도 더 좋은 재료와 기술로 훌륭한 빵을 만들어내는 곳이 크게 늘어났다.

이제 프랜차이즈가 가지는 우위란 비싼 임대료를 견딜 체력이 더 된다는 점, 점주의 수고를 줄여준다는 점, 그리고 익숙함으로 일정 수준만 충족하면 되는 소비자층을 많이 끌어들일 수 있다는 것 외에는 없다고 봐도 무방하다.

프랜차이즈는 절대악인가

이러한 시각에서 보자면, 대기업/대형 프랜차이즈를 절대악으로 취급하기가 힘들다. 세상일은 그렇게 선악구도로 바라봐서는 안 되는 법이다. 프랜차이즈의 등장 덕분에 소비상품의 평균적인 질이 빠르게 높아졌으며 저변이 확대되었다. 덕분에 양질의 동네 가게들을 만날 수 있게 되었다. 소비자 입장에서 이것은 득이라 할 수 있다.

분명 대형 프랜차이즈는 자본과 마케팅에서 일개 작은 사업자보다 유리하다. 대신 규모가 크기에 할 수 없는 영역이 존재하며 유연하지 못하다. 만약 프랜차이즈보다 훌륭한 상품과 서비스를 제공할 수 없다면, 이것은 사업의 경쟁력 자체가 없는 것이나 다름없다.

혹자는 골목 상권의 가게들이 프랜차이즈로 빠르게 바뀌는 것을 우려한다. 그러나 경쟁력이 떨어지는 가게들이 그저 영세하다는 이유만으로 존속해야 한다고 주장하는 것은 무리다. 적어도 지금 각 골목에서 우위를 점한 가게들은 프랜차이즈가 할 수 없는 영역을 추구함으로써 활로를 찾아가고 있다. 똑같은 방법으로 해서는 규모를 이길 수 없기 때문에 다른 방식으로 승부를 거는 것이다.

프랜차이즈가 급속하게 확산되는 것은 가맹점주가 되려는 사람들이 많다는 것이다. 프랜차이즈는 직접 자영업을 하는 것에 비해 비교적 편하다. 제품 개발, 가격 책정, 인테리어 구성, 홍보, 재료 확보와 주문 등에서 자유롭다. 독립 사업자는 이 모든 것을 고민하고 직접 결정해야 한다. 심지어 제대로 된 본사는 입지와 상권 분석까지 해준다.

프랜차이즈는 본사가 원천기술을 보유하고, 가맹점은 가맹 수수료를 내고 그것을 빌려와서 사업을 운영한다. 그래서 진입장벽이 낮아서 특별한 아이디어나 운영능력 없이도 손쉽게 할 수 있다는 특성이 있다.

만약 가맹점주가 되려는 사람들이 직접 창업했다면 과연 오래갈 수 있었을까? 나는 여기에 부정적인 의견을 표할 수밖에 없다. 이러한 측면에서 보자면, 분명 문제점이 있긴 하지만, 대형 프랜차이즈가 골목 상권을 망친다고만 보기는 어렵다.

정리하면, 역량이 부족한 생산자들이 뛰어나지 못한 품질의 상품을 생산하는 것은 소비자나 사회 전체에 긍정적이지 않다. 프랜차이즈는 골목 상권의 평균적인 질을 끌어올렸다는 점에서 긍정적인 면이 있다.

프랜차이즈로 인해 재편된 지금의 골목 상권은 두 가지 길밖에 없다. 평균적인 상품을 생산하는 프랜차이즈 가맹점이 되거나, 철저한 차별화와 유연성으로 작지만 우위를 점할 수 있는 가게. 이 둘 어디에도 속하지 못한 가게는 사라질 수밖에 없다.

추격당하는 작은 가게들

Part 5

대량생산품의 추격과 경쟁

영세함의 상징이 되어버린 '수제'

프랜차이즈의 어두운 면

전통시장의 쇠락이 주는 교훈

대량생산품의 추격과 경쟁

 2015년 오뚜기 진짬뽕이 처음 등장한 이후, 2016년 라면시장에는 중화라면의 전성기가 도래했다. 홈플러스의 발표에 따르면, 진짬뽕은 부동의 1위인 신라면을 꺾고 잠시나마 판매량 1위로 등극하기도 했다. 덕분에 오뚜기의 국내 라면시장 점유율은 2014년 16.3%에서 2016년에는 22%를 웃돌았다.

중화라면은 일반 라면에 비해 가격이 2배에 가깝다. 라면은 대표적인 서민음식이며, 중화라면 열풍이 불었던 시기에 소비심리가 좋지 않았음에도 2배나 비싼 프리미엄 라면들이 불티나게 팔렸다. 몇몇 언론은 이러한 현상에 대해 의구심을 품은 기사를 쓰기도 했다.[20]

혹자는 '프리미엄 라면시장의 시대가 열렸다'라고 한다. 하지만 이것은 시야를 라면시장으로 국한하여 매우 좁게 바라본 것이다. 소비시장 전체로 넓혀서 보면 '대량생산 체제의 본격적인 추격의 시작'으로 해석하는 것이 옳다.

진짬뽕, 짜왕 등의 중화라면은 모두 한국식 중화요리에 뿌리를 두고 있다. 전자는 짬뽕이고 후자는 자장면이다. 둘 다 국민외식으로 불리며, 한때 정부가 물가관리를 위해 가격변동까지 보고를 받았던 음식이다.

자장면이나 짬뽕이나 비싼 외식이 아니다. 집에서 흔하게 배달해 먹는 음식이지만, 가격이 4,000~6,000원에 불과하며, 지역에 따라서는 3,000원대인 곳도 있다. 직장인의 저렴한 한끼 식사 메뉴로 꼽히는 한국식 백반도 서울 지역에서는 이보다 더 비싸다. 이처럼 외식으로서 자장면과 짬뽕의 최대 강점은 저렴한 가격에 있다.

동네 어디서나 손쉽게 배달해 먹을 수 있는 흔한 메뉴지만, 품질이 좋다고 할 수는 없다. 대부분의 동네 중국집들은 고만고만한 수준을 유지하고 있으며 맛의 차이가 크지 않다. 워낙 자극적인 음식인데다가 동네에서는 배달 위주로 발달했기 때문이다.

과거에 중국집들의 차별화 요소는 '주문 후에 얼마나 빨리 배달하느냐'였다. 소비자가 원하는 배달속도에 맞추기 위해서는 사전에 미리 준비해두고, 주문이 오면 그것을 내는 방식이 가장 효율적이다. 그러다 보니 불맛은 찾아보기 힘들고 과조리의 흔적이 잔뜩 남아 맛을 탁하게 하는 원인이 되었다.

또한 모든 요리가 그렇지만, 특히 면 요리는 만든 즉시 바로 먹어야 가장 맛있고, 시간이 지날수록 맛이 급격하게 떨어진다. 그런데 배달의 경우 아무리 빨리 받아도 만든 지 꽤 지난 면요리를 먹게 된다. 그러다 보니 대다수의 중국집들이 맛의 차별화가 되지 않고 비슷한 수준에 머무르는 것이다.

대량생산품이 불러일으킨 대체효과

그런 와중에 진짬뽕과 짜왕 같은 대량생산품이 등장했다. 짬뽕과 자장면의 조리법과 생산을 대량생산에 맞게 체계화하면서 맛을 흉내냈다. 그런 의미에서 '모방식품'이라 불러도 될 것이다. 기술발전으로 대량생산된 중화라면들은 맛이 크게 향상되었다. 심지어 배달음식에서 느낄 수 없었던 불맛까지 느낄 수 있었다. 대량생산품에서는 그것이 진짜 불맛인지 아닌지는 중요하지 않다. 일반적인 오리지널 음식이 내지 못했던 맛까지 제공한다는 것이 중요하다.

게다가 중화라면 4~5개들이 멀티팩의 가격이 중국집 짬뽕과 자장면 한 그릇 가격과 비슷하다. 어차피 둘 다 자극적인 맛이긴 마찬가지고, 똑같진 않아도 어느 정도 비슷한 맛을 내는데, 가격이 오리지널의 1/4이라면 소비자들이 무엇을 선택할지는 명백하다. 특히나 배달, 외식 메뉴로서의 강점이 가격이었다는 것을 감안하면 그 우위를 대량생산 식품에 확실하게 탈취당한 셈이다.

즉, 짜왕과 진짬뽕의 성공은 프리미엄 라면이라서가 아니라, 기술력으로 오리지널 상품과 질의 간극을 좁히고 저렴한 가격으로 승부를 보았기 때문이다. 불황에도 프리미엄 제품이 팔린다고 놀라워할 것이 아니라, 불황이라 원래부터도 특별하지 않았던 오리지널 상품이 더 저렴한 대량생산품으로 대체된 것으로 보아야 한다. 경제학에서는 이를 '대체효과'라고 한다.

이것은 기존 자영업자들에게는 재앙이나 다름없다. 기술발전으로 대량생산된 상품들이 오리지널과의 간극을 좁혀간다면, 이런 현상에 따라잡히지 않으려면 질의 향상에 관심을 기울여야 한다. 하지만 한국의 자영업자 중에서 상당수는 이러한 연구개발을 하지 않는다. 그저 해온 대로 하고, 만든 것만 계속 만든다.

물론 이것은 다분히 관성적인 측면이 있지만, 환경적으로 어려운 측면도 있다. 대다수의 자영업자들은 생계형으로 하루에 12시간 이상 가게를 열고 노동을 한다. 여유시간이 따로 있어야 상품과 서비스의 향상에 투자할 수 있는데, 쉬는 날도 없이 일만 하다 보니 답습만 할 수밖에 없다.

이와 비슷한 사례가 소비시장의 대형 이슈 중 하나인 편의점 도시락이다. 과거 삼각김밥으로 대표되던 편의점 먹거리는 맛보다는 싼 맛에 뭐라도 뱃속에 집어넣기 위한 음식에 가까웠다. 이러한 인식에 균열을 낸 것이 바로 GS25에서 내놓은 '김혜자 도시락'이다. 탤런트 김혜자 씨는 오랫동안 많은 식재료의 광고 모델을 해왔기에 편의점 도시락에 대한 기존의 이미지를 쇄신할 수 있었다. 내용물도 생각보다 충실해서 가격 대비 양과 질이 제법 괜찮았다. 덕분에 '저렴하면서도 많은 양과 괜찮은 질'을 표현하는 말로, '혜자'라는 신조어까지 등장할 정도였다. 이를 계기로 편의점 음식의 질적 수준이 전반적으로 크게 향상되었다.

물론 도시락을 비롯한 편의점 먹거리의 질이 충분히 좋다고 말하기는 어렵다. 그러나 가격을 감안하면 꽤 먹을 만한 수준으로 올라왔다는 것이 중요하다. 이는 기존 도시락 업체들뿐만 아니라 여전히 과거 수준을 답습하고 있는 동네 음식점과의 차이도 좁힌 것이다.

대형마트의 냉동식품 코너를 가보자. 냉동식품은 대량생산과 냉동이라는 특성 때문에 보통 직접 만드는 요리에 비해 맛이 떨어진다. 직접 빚어서 찌는 만두의 맛이 냉동만두보다 더 나을 수밖에 없었다. 그러나 이제 몇몇 만두는 "꽤 훌륭하다"는 말이 나올 정도로 과거에 비해 진일보를 이루었다.

냉동피자도 마찬가지다. 10년 전만 하더라도 먹을 만한 물건이 못 되었다. 그러나 최근에 나온 신제품과 수입품들은 냉동피자 주제에 제법 훌륭한 질을 자랑한다. 바질 페스토의 맛도 제법이고, 냉동된 버섯도 조리하고 나니 촉촉하고 좋은 풍미를 냈다. 냉동피자의 기술이 이만큼 따라온 것이다.

과거의 자영업자들은 다른 자영업자들과 경쟁하면 그걸로 충분했다. 그래서 지역 내의 경쟁강도가 폐업 위험을 결정하는 큰 요소 중 하나였다. 하지만 이제는 대량생산품도 새로운 경쟁자가 되었다. 가격경쟁력으로는 그들을 절대 이길 수 없다. 애당초 대량생산 시스템 자체가 가격경쟁력에 특화되어 있기 때문이다.

흔히 자영업자는 자본력에 밀려서 망한다고들 한다. 하지만 지금은 양상이 좀 다르다. 자본력뿐만 아니라 품질에서도 쫓기고 있다. 대량생산 업체들은 매년 상품을 더 발전시키기 위해 많은 돈을 연구개발에 투자하고 있다. 그 결과 질적 향상이 빨라졌다. 그런데 한국의 자영업자들은 어떠한가? 물론 꾸준히 연구하는 사람들도 있지만 소수에 불과하다. 대다수는 옛날과 오늘이 결코 다르지 않다.

내 아이템이 현재 어느 위치에 있으며, 어느 정도 모사가 가능한가를 파악해야 한다. 특히 대량생산품이 할 수 없는 영역에서 강점을 발견하고 찾아내야 한다. 지난 중화라면 열풍이 시사하는 바는 바로 이것이다. 대량생산품이 작은 가게들의 영역을 파고들고 있으며 거세게 추격하고 있다.

영세함의 상징이 되어버린 '수제'

경쟁은 갈수록 심화되고 대량생산품의 추격 속도는 점점 빨라졌다. 상황이 급박하게 돌아가니 작은 가게들도 차별화를 위해 노력을 기울이기 시작했다. 대표적인 것이 바로 '수제(handmade)' 브랜딩이다.

우리는 '수제'라는 표현이 붙어 있으면 좀 더 괜찮은 상품으로 여긴다. 그래서인지 지금은 '수제의 과잉시대'다. 길거리를 돌아다니다 보면 '수제'라고 붙여 놓은 상품이 정말 많다. 초콜릿부터 시작해서 온갖 상품에 붙어 있으며, 이대로 가다가는 '수제 김치찌개'라는 말도 등장하지 않을까 싶을 정도이다.

여기서 드는 의문이 있다. 수제의 정의란 무엇일까? 생산 및 제조과정에서 사람의 손을 얼마만큼 사용해야 수제일까? 단순히 사람의 손으로 하는 작업이 들어갔다고 수제라고 한다면, 대량생산품도 제조과정에서 그런 경우가 제법 많다. 그렇다면 여기에도 수제를 붙일 수 있는가? 그것은 아닐 것이다.

수제의 기준이 기계를 사용하지 않는 것이라면 가죽 장인의 가죽 세공품마저 이 기준에서 탈락한다. 가죽 장인이라고 해서 전동미싱기 같은 기계를 사용하지 않고, 모든 작업을 손바느질로만 하는 것은 아니다. 이렇게 따져보면 수제라는 표현은 경계가 매우 모호한 말임을 알 수 있다.

그런데 곰곰이 생각해보면, 결국 수제는 단어의 뜻과는 달리, 생산량이 기준임을 알 수 있다. 즉 대량생산이 불가능하고 생산량이 낮은 영세업자들이 대량생산품과의 차별을 통해 상품에 좀 더 높은 의미를 부여하는 표현이다.

우리는 왜 수제에 더 높은 가치를 부여할까? 이에 대한 답은 19~20세기 사회학자 베블런을 통해 엿볼 수 있다. 베블런은 인간의 소비와 그 욕망에 대해 정통했던 학자이다.

> 기계제품에 대한 반감은 흔히 기계제품의 서민성에 대한 반감으로 정형화된다. 서민적인 것은 대다수의 사람들이 달성할 수 있는 (금력의) 범위 내에 속하는 것이다. 그러므로 기계제품을 소비하는 것은 명예롭지 못한 행위다. 왜냐하면 그런 소비는 다른 소비자들과의 차별적인 비교를 통해서 우월한 지위를 확인하려는 목적에 이바지하지 못하기 때문이다.
> — 소스타인 베블런, 『유한계급론』, 우물이있는집, 198쪽

소비는 인간에게 즐거움의 한 요소이자 자기 자신을 드러내는 목적으로도 활용된다. 그래서 무엇을 소비하느냐로 자기 자신을 드러낼 수 있으며, 그것을 통해 남들과 차별화를 시도한다. 이러한 소비의 자기 표현이 잘 드러나는 곳이 바로 인스타그램이다. 인스타그램 유저들은

사진을 올리며 자신의 피드를 채워나간다. 이 피드를 차지하는 대부분의 사진들은 바로 소비다. 어떤 음식, 문화, 옷 등을 소비하는지를 보여줌으로써 정체성과 지위 등을 표현한다.

저렴하게 대량생산된 상품은 차별화에 적절하지 못하다. 누구나 접근하기 쉽기에 자기 자신을 드러내기에 부족하다. 반면 소량 상품은 그것을 소비하는 사람에게 자신을 드러내기 위한 좋은 수단이 된다.

현대 산업사회에서 값싸고, 그래서 품위도 없는 일상적인 소비재들은 대개 기계제품들이다. 기계제품의 형태학상 일반적인 특징은 수제품에 비해서 설계도에 따른 세부공정을 거친, 좀 더 높은 정확도와 좀 더 완벽한 제작기술을 선보인다는 데 있다. 따라서 수제품의 가시적인 불완전성은 명예로운 것이기 때문에, 미나 유용성의 측면, 아니면 두 측면 모두 우수하다는 표시로 평가되기에 이른다.

— 소스타인 베블런, 『유한계급론』, 우물이있는집, 199쪽

기계로 만든 제품들은 공정을 체계화하고 표준화하여 생산하므로 오차가 극히 적다. 그러나 수제품은 사람이 만드는 것이기에 제품마다 편차가 생길 수밖에 없고, 이러한 작은 편차나 눈에 보이는 불완전성은 인간과 기계의 제작기술의 차이를 드러낸다. 그러나 이러한 불완전성은 기계가 아닌 사람의 손으로 만든 것임을 증명하는 것이기에 더 높게 평가된다.

물론 우리는 사람이 만들었음에도, 기계가 만든 것처럼 정교한 것

을 보고 감탄하기도 한다. 하지만 사람의 정교한 기술에 감탄하는 것일 뿐, 기계 생산품이 더 우월하다고 보지는 않는다.

예를 들어 1960년대와 1970년대 초반, 미술계에서 사진과 같은 정교함을 표현한 하이퍼리얼리즘(hyper-realism)이 유행했다. 사람들은 사진 같은 그림의 정교함에 충격을 받고 기술에 감탄했다. 하지만 '사진이 이렇게 대단한 거구나'라고 하지는 않았다. 그런 점에서 베블런의 시각은 100여 년 전의 것이라고 보기에는 대단한 통찰력이다.

퇴색해버린 현대의 '수제'

모든 '수제'가 가치 있는 것은 아니다. 앞에서 말했듯, 사업자들이 너도나도 '수제'를 붙이는 것은 그만큼 대량생산 체제가 위협이 되기 때문이며, 자신의 상품을 좀 더 가치 있게 보이기 위한 포장작업이다.

그러나 수제가 정말로 가치가 있으려면, 손으로 만든 제품의 불완전성이 있더라도 최종 결과물이 대량생산품보다 뭔가 더 나아야 한다. 그렇지 못하면 아무런 의미 없는 상품일 뿐이다.

그런 점에서 현재의 수제 열풍은 작은 가게들의 조급한 상황을 드러내고 있는 것에 불과하다. 수제란 표현을 워낙 여기저기에서 쓰다 보니 표현의 인플레이션이 생겼다. 이제 '우리는 영세해서 물건 많이 못 만듭니다'라는 속뜻을 담고 있는 것이 아닐까 싶을 정도다. 맛집이란 단어를 워낙 많이 쓰다 보니, 인터넷 검색에서 맛집이 음식점과 동의어가 된 것처럼 말이다.

대량생산과는 거리가 먼 작은 가게들이 먼저 갖춰야 할 것은 대량생산품보다 나은 상품과 서비스의 질이다. 이것이 전제되지 않는다면, 수제는 무의미한 포장지에 불과하며 생존을 기대하기도 어렵다. 그런 의미에서 여기저기 붙어 있는 수제라는 말은 영세업의 처절한 몸부림처럼 보이기도 한다.

프랜차이즈의 어두운 면

 앞서 프랜차이즈의 밝은 부분을 이야기했으니, 이제는 어두운 부분을 살펴볼 차례다. 프랜차이즈는 우리나라의 평균적인 서비스의 질을 향상시켰고, 영세한 자영업자들은 대형 프랜차이즈가 하지 못하는 것에서 독특한 아이템과 품질로 활로를 모색했다. 이론적으로는 이렇게 되는 경우 양자의 균형이 이루어져 모두 공존할 수 있다. 하지만 현실은 그렇게 매끈하게 돌아가지 않는다는 것이 문제다.

과거에는 프랜차이즈가 서비스의 질이 낮은 소형 자영업자들을 도태시키고 질적 향상을 불러왔다. 하지만 근래 이런 경우는 갈수록 줄어들고 있다. 현재는 프랜차이즈가 다양하고 수준 높은 가게들로 이뤄진 상권에 자본력을 투하하여 서비스를 획일화하고, 소비자의 선택권을 축소시키며, 기존의 사업자들을 외곽으로 내쫓는 경우가 많다. 또한 자본력을 바탕으로 임대인에게 건물 전체 임대, 또는 훨씬 비싼 임대료를 제안하여 기존의 경쟁력 있는 가게를 내보내게 유도한다.

임대료는 그 지역의 시세를 고려해서 비슷한 수준에서 결정된다. 그런데 특정 건물의 임대료가 크게 오르면 그 지역의 임대료가 그에 맞취 상승하는 경향이 있다. 이는 대형 프랜차이즈, 임대인, 중개인의 이해관계가 부합하며, 우리나라의 상가임대차보호법이 여전히 미비했기 때문에 가능했던 일이다.

또 하나 프랜차이즈의 어두운 부분은 바로 장점 중 하나로 꼽히는 확장성에 있다. 앞서 말했듯이, 프랜차이즈는 핵심적인 부분은 본사가 담당하고, 가맹점주는 큰 능력이 없어도 장소와 일정한 자본을 댈 수 있으면 쉽게 가게를 열고 유지할 수 있어서 시장 진입이 매우 쉽다. 그런데 이는 뒤집어 말하면, 원래라면 자영업을 해서는 안 될 사람도 무분별하게 프랜차이즈를 통해 연명할 수 있고, 진입이 쉽기에 경쟁강도가 더욱 높아진다는 것이다.

과거에는 자영업자가 동네 가게를 통해 난립했다면, 현재는 프랜차이즈를 통해 난립하고 있다. 이들은 주로 손쉬운 아이템에 유혹당해 가게를 차리지만, 시장의 다양성을 높이기는커녕 획일화를 가속화하며, 질 낮고 저렴한 상품과 서비스를 공급하는 데 그치고 만다. 이런 사업은 절대 오래갈 수 없다.

마치 해적들이 해안가 마을을 돌아다니며 약탈하듯이, 이런 행태는 아이템과 지역을 바꿔가며 시장을 휩쓴다. 장기적인 목표를 가지고 사업을 운영하는 가게들이 사라지고, 결국 지역 전체가 황폐화될 수밖에 없다.

다행스럽게도, 이제 프랜차이즈가 자본력을 앞세워 경쟁력 있는 가게를 몰아내는 모습은 줄어들 것 같다. 2017년 7월에 상가임대차보호법 개정으로 임차인이 계약 갱신을 요구할 수 있는 기간이 최장 10년으로 늘어났다. 임대인은 이 기간 동안에 특별한 사유가 아니라면 임차인의 계약 연장 요구를 거부하지 못한다. 따라서 임차인이 계속 영업을 할 의사가 있다면 최장 10년까지는 안정적으로 할 수 있게 된 것이다. 불과 몇 개월 전까지만 해도 이 기간은 5년에 불과했다.

주요 선진국들의 상가 임대차 계약은 기간 명시가 없는 경우가 많다. 정기 계약인 경우도 프랑스는 9년, 영국은 보통 10~15년 등 장기인 점을 감안하면, 과거 우리나라의 영업 보호 기간 2년과 5년이 얼마나 짧았는지 이해가 갈 것이다. 외국에서 볼 수 있는 오래가는 가게들은 바로 이런 영업 기간에 대한 보호가 밑받침되어 있기에 가능했던 것이다.

전통시장의 쇠락이 주는 교훈

 전통시장 대 대형마트의 구도는 매우 오래된 논란 주제 중 하나다. 이 이슈가 언론에 오르내린 지 20년 정도 되어가지만, 여전히 많은 이야깃거리와 논쟁을 낳고 있다.

일반적으로 전통시장 대 대형마트의 구도는 영세업자와 대기업, 즉 약자와 강자의 구도로 조명되기에 이것을 선악의 문제로만 판단하려는 경향이 있다. 그래서 많은 시민들이 20년 가까이 전통시장에 대한 정책을 지지했으며, 정치권과 정부도 많은 정책과 예산을 투입해왔다. 지난 2007년부터 시작된 전통시장 활성화 정책에는 연간 2,000억 원 정도의 예산이 투입되었고, 지금까지 10년 동안 약 2조 원이 집행되었다. 그러나 냉정하게 말하자면 그동안 투입한 예산은 큰 효과를 보지 못하고 있는 것이 현실이다.

전통시장은 왜 쇠락하는가

그렇다면 왜 전통시장이 대형마트에 뒤처지며 쇠락하는지 그 이유부터 생각해보자. '나쁜 대기업'과 '착한 시장' 같은 선악의 이미지는 던져버리자. 이런 구도는 현실을 제대로 이해하는 데 도움이 되지 않는다.

초기에 정부는 전통시장의 위기 원인을 시설의 노후화에서 찾았다. 낙후된 시설, 주차장이나 카트도 없는 환경이 시장 방문을 꺼리게 만든다고 판단했다. 그래서 '재래시장 현대화'라는 표어 아래 시설들을 개선하고 뚜껑을 덮는 작업을 시작했으며, 인근에 주차장을 확보하고 카트를 비치하기도 했다. 시장은 적어도 과거에 비해 물리적으로는 많이 개선되었다. 그렇다면 경쟁력이 생겼을까? 그렇지 않다.

상점이든 제조업 공장이든, 하드웨어와 소프트웨어로 구분 지을 수 있다. 하드웨어가 물리적인 시설과 장비라면, 소프트웨어는 그것을 돌리고 기능하게 하는 시스템이다. 오랫동안 예산을 쏟아부은 쪽은 바로 시장의 하드웨어였다. 이러한 시설투자는 돈을 들인 만큼 개선된 것이 눈에 쉽게 띈다. 그래서 정책 지원 결정을 내리기에도 유효할 뿐더러 보고가 중요한 구조에서는 이러한 가시성이 우선순위가 된다.

그러나 하드웨어를 아무리 개선하더라도 그것을 움직이고 돌릴 소프트웨어가 개선되지 않으면 결과적으로는 다를 바가 없다. LCD모니터와 쿼드코어 CPU, SSD까지 설치한 컴퓨터에 윈도우 95를 설치하면, 결국 그것은 윈도우 95가 돌아가는 컴퓨터일 뿐이다.

시장의 하드웨어를 구성하는 것이 건물과 상점 등이라면, 소프트웨어를 구성하는 것은 시장 상인들이다. 그런데 그들의 운영방식과 시스템은 현대의 방식, 특히 소비를 주도하는 30, 40대의 스타일과는 굉장히 거리가 있다. 단적인 것이 위생에 대한 인식이다.

나는 시장을 찾는 것을 좋아하지만, 방문할 때마다 눈에 거슬리는 것 중 하나가 때가 끼어 검게 변한 스티로폼이다. 주로 상품의 디스플레이를 위한 받침대로 쓰이는데, 매우 불결해 보여서 그 위에 놓인 물건을 구매하기 꺼려진다. 애초에 그것을 디스플레이 도구로 활용하는 것도 문제지만, 매일 교체만 해줘도 그 정도로 더럽지는 않을 것이다. 이 외에도 위생적으로 다소 꺼려지는 것들이 많다.

정찰제가 제대로 자리잡지 않은 경우도 많다. 가격 흥정이 가능한 시스템은 현재의 30, 40대에게는 매우 피곤한 요소이다. 현대 소비자들은 정해진 가격을 확인하고 예산에 따라 구매를 결정하는 소비행태를 가지고 있다. 일일이 가격을 물어보는 것이 피곤할 뿐더러, 특히 흥정의 경우 직장생활로 인해 정신적으로 지쳐 있는 사람이 할 수 있는 행동이 아니다. 또한 흥정이 가능하다는 것은 사정에 밝지 못한 사람은 더 비싼 가격에 살 수 있다는 의미도 된다.

전통시장을 대변하는 '정'이나 '덤'도 도시인들의 생활 특성과는 잘 맞지 않는다. 농경사회에서는 한 지역에서 평생을 살다 보니 시장 상인과의 인적관계도 생길 수 있다. 그러나 도시인들은 직장, 자녀교육 등의 이유로 주거이동이 잦은 편이기에 같은 지역 주민이라도 결속력이 낮다. 그래서 정과 덤은 도시인들에게 장점은커녕 불편하고 귀찮은 것이 될 수밖에 없다.

정리해보면, 사람들이 불편함을 감수하고서라도 방문하게 만들려면 그것만이 가진 장점이 필요하다. 그런데 몇몇 시장을 제외한 대부분은 차별화된 장점이 없는 실정이다.

전통시장의 위기는 그것을 움직이는 상인들이 현대의 트렌드에 맞추지 못하고, 과거의 방식에 머물러 있기 때문으로 봐야 한다. 기존의 영업방식과 시스템을 지지해줄 장노년층은 점점 줄어가고 있다. 그 점에서 보자면 전통시장은 위기가 아니라 세대교체에 의한 자연적 쇠퇴라고도 볼 수 있다.

막는다고 시장이 살아나진 않는다

대형업체가 들어오는 것을 규제를 통해 막는다고 해서, 중소 점포들이 살아남거나 수익이 늘어나는 데 도움이 될까? 우리와 가장 비슷한 환경이라고 할 수 있는 일본의 사례를 보면, 영세 상인 보호를 위한 대형마트 규제가 오히려 도움이 되지 않는다는 것을 알 수 있다.

일본은 1974년 중소 소매업체를 보호하기 위해 대형업체의 대도시 출점을 규제하고 영업시간을 제한하는 '대규모소매점포법(이하 대점법)'을 제정하여 시행했다. 이것은 미국의 WTO 제소로 인해 2000년 폐지되고, 간접적 규제인 '대점입지법'으로 대체되었다.

대점법의 폐지 이후, 대점입지법이 중대형 상점과 소규모 상점에 미친 영향을 분석하는 연구가 실시되었다. 그 결과가 매우 흥미롭다. 대점법으로 대형 소매점을 규제할 때는 소형 소매점들의 경쟁력과 매출도 낮은 수준에 머물렀다. 하지만 이 법이 폐지되고 대점입지법이 등장한 이후, 중소형 소매점들의 매출이 증가하고 생존율이 높아졌다. 이는 강력한 대점법 아래에서는 규제에 기대어 보호받는 범위에서 영업을 해오다가, 규제 폐지 이후 서비스 개선 등으로 인해 경쟁력이 강화된 덕분이었다.[21]

대형마트의 영업일 규제에 관한 국내 연구[22]를 살펴보면, 마트의 휴

무일에 동네 소매점이나 전통시장의 방문자와 구매 금액이 소폭 증가했다. 하지만 백화점 식품관이나 편의점이 증가폭이 훨씬 높았다. 이는 소매점과 전통시장이 갖추고 있는 상품의 종류가 대형마트를 대체하거나 보완하지 못한다는 현실을 보여준다.

이런 내용들을 고려해보면, 전통시장의 쇠퇴는 대형마트 탓이라고 보기 어렵다. 대형마트의 탄생을 막았더라도, 시장이 현재와 같이 과거에 머물러 있다면 다른 방식의 영업체제가 나타났을 것이다. 이런 상황에서 시장이 위기에서 탈출하려면 자금 투입에만 기댈 것이 아니라 상인들의 혁신이 지름길이다. 젊은 상인들이 주축이 되어 시장을 변화시키고 새로운 흐름을 따라가야 한다. 현재 잘 운영되고 있는 시장들은 각자의 방법으로 대형마트가 하지 못하는 부분을 추구하고 있다.

전통시장의 침체가 보여주는 두 가지 시사점

전통시장의 쇠락과 쇠퇴가 소비시장에 참여하는 사람들에게 시사하는 바는 크게 두 가지이다. 먼저 과거의 답습은 시간이 흐르고 주요 소비자층이 바뀌면 천천히 몰락할 수밖에 없다는 점이다. 30년 전까지 동네시장은 우리가 소비를 하기 위해 찾을 수 있는 가장 가깝고 편한 소비처였다. 그 이후 생활 패턴이 변하고 경쟁자가 등장했지만, 시장은 변화를 추구하기보다는 여전히 과거를 답습하고 경쟁자를 비판하는 데 급급했다. 그 덕분에 지지를 얻어서 오랫동안 막대한 예산 지원을 얻어낼 수 있었다. 하지만 결국 바뀐 것은 껍데기뿐이었기에 소비자의 선택을 받지 못했다. 그 사이 30년 전까지 시장이 담당하던 역할은 이제 대형마트로 옮겨갔다. 대형마트가 현대인의 새로운 시장이 된 것이다.

전통시장의 침체가 보여주는 두 번째 시사점은 대형업체의 공세에서 중소형 업체가 살아남는 방법이다. 현재 나름대로 차별화를 통해 사람들이 모여드는 시장들은 대형마트가 하지 못하는 영역으로 특화되어 가고 있다. 즉 대형마트가 취하는 포지션과는 다른 포지션에서 경쟁력을 찾는 것이다. 이는 2011년 브래드 피트 주연으로 영화화된, 마이클 루이스의 책 『머니볼』에서 이야기하는 내용과 같다. 소형업체는 대형업체의 규모와 자본에 밀릴 수밖에 없기 때문에, 그들이 할 수 없는 부분을 파고들어 경쟁력을 강화해야 하며 거기서 격차를 만들어야 한다.

사실 이렇게 따지고 보면 전통시장은 사회적으로 매우 우대받고 있는 셈이다. 일반적인 자영업은 전통시장처럼 정책자금을 지원받을 일도 없을 뿐더러 더 직접적인 공세를 받고 있다. 그래서 자영업은 시장이 쇠락하는 두 가지 요인을 명확하게 인지하고 시사점을 얻어 확실히 대처해야 한다. 그렇지 않으면 그럭저럭 장사가 되는 가게라도, 결국 지금의 전통시장처럼 쇠락해갈 것이다. 그것도 더 빠르게 말이다.

상권이 움직이는 방식

Part 6

최적의 입지는 어디일까

걷는 자가 상권을 흥하게 하리라

골목은 어떻게 상가로 변할까

다양성이 사람들을 모이게 한다

부동산 중개업소와 옷가게는 왜 큰길에 있을까

이면도로와 골목길의 중요성

강남역은 왜 재미가 없을까

갈수록 낮아지는 대로의 가치

최적의 입지는 어디일까

　　　　　　　　　　누구나 알듯이, 부동산은 입지가 중요하다. 특히 가게는 상권과 입지가 매우 중요하며, 어디에 입지하느냐에 따라 매출이 크게 다를 수 있다. 그래서 상권 및 입지에 대한 분석이 매우 중요하다. 실제로 소상공인진흥원의 조사[23]에 따르면, 소상공인들은 창업 시의 애로사항으로 '창업자금' 다음으로 '입지 선정 및 확보'를 꼽고 있다.

　상권과 입지는 다르다. 입지가 가게가 위치하는 지리적 조건을 말하는 것이라면, 상권은 상업 영향력이 미치는 범위를 말하는 공간의 개념이다. 그래서 상권은 그 공간을 채우는 사람과 점포의 특성에 의해 다른 모습과 특성을 띠기 마련이며, 같은 상권의 동일 업종이라도 입지에 따라 매출과 수익이 서로 다르다. 조금 단순하게 말하면, 상권은 '어느 지역에서 사업을 할 것인가'라면, 입지는 '어느 건물에서 사업을 할 것인가'로 정리할 수 있다.

　상권의 특성에 따라 다르지만, 건물과 상권의 가치를 결정짓는 가장 큰 요소는 일반적으로 배후인구와 유동인구를 꼽는다. 배후인구는 상권에서 소비를 일으켜줄 잠재적인 소비인구를 말한다. 아파트 상가라면 그 아파트의 거주인구가 배후인구인 셈이다. 다소 정적인 배후인구와 달리, 유동인구는 동적인 개념으로 사람들의 보행량에 초점을 둔다. 특히 유동인구가 만들어내는 보행량은 상업시설의 매출액에 영향을 준다. 보행량이 많은 곳은 매출액이 그만큼 더 높게 나오며[24] 임대료 또한 높다. 그래서 일반적으로 유동인구가 많을수록 최고의 상권이자 입지로 여긴다.

그렇다면 모두에게 유동인구가 많은 곳이 최고의 입지일까? 만약 유동인구만이 최고의 입지를 결정한다면, 한국에서 강남역과 명동 상권을 이길 수 있는 곳은 없을 것이다. 실제로도 이곳의 지가는 매우 높다. 공시지가 기준 가장 비싼 땅인 명동 네이처리퍼블릭 부지는 땅값만 평당 2억8,380만 원이다. 지가뿐만 아니라 건물가로 보자면, 강남역에 있던 옛 뉴욕제과 빌딩은 2014년 7월 1,050억 원에 매각되었다. 평당 가격이 5억1,700만 원이었다. 전국에서 평당 가격이 가장 비싼 강남구 개포주공 1단지가 7,930만 원임을 감안하면 얼마나 큰 차이가 나는지 짐작이 갈 것이다.

사업에 따라 바뀌는 좋은 상권과 입지

상가투자자 입장에서 보면, 유동인구가 많은 곳과 최고의 건물은 대략 일치하는 경향을 보인다. 투자자 입장에서 좋은 건물이란 공실률은 적고, 임대수익은 높으며, 가치는 지속적으로 상승하는 건물이다. 이는 대개 유동인구의 수와 관련이 크다. 따라서 유동인구가 많은 강남과 명동의 건물은 투자자 입장에서 매우 좋은 물건이라 할 수 있다.

물론 이런 건물은 매우 좋은 만큼 너무 비싸기 때문에 현실적으로는 살 수 없다. 만약 돈이 있더라도 그 건물이 기대한 만큼의 수익을 꾸준히 내지 못한다면 투자가 꺼려질 것이다. 아무리 수익성 좋고 성장성도 좋고 배당도 잘 주는 기업이라도, 현재 주가가 너무 비싸면 투자가 꺼려지는 것과 같다. 그래서 투자자 입장에서는 현재는 유동인구가 적지만 이후에 크게 늘어날 만한 곳, 이른바 '뜨는 상권'이 투자 대비 수익률이 가장 크다. 투자자들이 뜨는 상권에 엄청난 관심을 보이는 것은 이런 이유가 있다.

그러나 그 상가에서 사업을 해야 하는 사업자의 입장은 다르다. 투자자 입장에서는 유동인구의 수가 수익에만 영향을 주지만, 사업자 입장에서는 매출뿐만 아니라 임대료에도 영향을 주기에 비용과도 관련이 있다. 즉 사업자에게 유동인구란 수익의 원천이자 핵심적 비용의 원천이다. 그래서 유동인구가 많은 것을 마냥 좋아만 할 수는 없다.

사업과 투자에서 최선은 '비용의 최소화, 수익의 극대화'이다. 사업자의 경우 업종과 아이템에 따라 단위면적당 낼 수 있는 매출의 상한선이 존재한다. 만약 임대료가 내 사업 매출의 상한선에 비해 너무 비싸다면, 아무리 유동인구가 많더라도 좋은 입지가 못 된다. 예를 들어 창고는 도시 외곽의 한적한 지역이나 도시 내에서도 외진 곳에 자리를 잡는다. 도심 한가운데에 있는 경우는 없다. 창고는 물품을 보관하는 곳이지, 판매를 통하여 매출을 일으키는 시설이 아니기 때문에 되도록 가장 저렴한 지역에 위치해야 비용을 최소화할 수 있다. 하지만 창고가 무조건 가장 저렴한 곳에 위치하는 것은 아니다. 상품을 판매할 매장과의 접근성을 고려하기 때문이다.

반면 코스트코와 같은 창고형 매장은 입지조건이 일반적인 창고와는 전혀 다르다. 창고 형태로 운영되지만 보관만 하는 것이 아니라 판매를 겸하여 매출을 일으키기 때문에, 차량을 몰고 가기에 괜찮으면서 유동인구도 일정 이상 있는 곳에 입점한다.

최적의 입지는 이처럼 업종의 특성과 아이디어에 따라 다르다. 그래서 절대적으로 좋은 상권과 입지라도, 사업에 따라서는 최악의 입지, 또는 그저 그런 입지가 될 수도 있다.

최적의 입지란 따로 정해져 있지 않다. 사업자가 얼마나 자신의 업종과 아이디어의 특성을 정확하게 판단하고 있느냐에 따라서, 겉으로 보기에는 좋지 못한 입지가 최적의 입지가 될 수도 있다. 따라서 먼저 업종의 특성을 파악하고 그에 알맞은 입지를 찾는 것이 중요하다. 특성을 모르면 입지 선정부터 실패하게 될 것이며, 사업 실패로 이어질 확률이 매우 높다.

걷는 자가 상권을 흥하게 하리라

 자동차는 인간의 활동영역을 크게 넓혔으며, 도로가 있는 곳이라면 어디든 갈 수 있게 만들었다. 이로 인해 물류와 산업에 큰 변화가 일어났으며, 도시도 과거와는 다른 변화를 맞게 되었다. 이런 점에서 자동차의 탄생 이전과 이후의 세상은 전혀 다른 세상이라고 할 수 있을 것이다. 그럼에도 불구하고, 여전히 변치 않는 것은 사람은 도보를 통해 주로 활동하고 소비한다는 점이다. 도시의 가장 번화한 곳은 대중교통이 밀집한 곳이며, 이런 곳에서 사람들은 걸어다니며 그 지역의 활력을 만들어낸다. 아쉽게도 상업적 측면에서 자동차는 활력을 만들어내지 못한다.

햄버거 가게를 생각해보자. 가게를 걸어서 방문한 사람은 먹고 난 후 걸어서 그 자리를 뜬다. 그렇게 걷는 동안 도보라는 행동은 인근에 활기를 준다. 그러나 자동차로 서비스를 받는 드라이브 스루 가게라면, 방문자가 가게와 인근 공간에 머무르는 시간이 짧고 빠르게 이탈하기에 그 지역에 활기를 주지 못한다. 결국 자동차와 교통수단이 아무리 발전해도 지역에 활기를 주는 것은 걷는 사람이다.

도시계획의 고전이자 도시계획 역사상 가장 큰 영향을 미친 『미국

『대도시의 죽음과 삶』에서 저자 제인 제이콥스는 거리와 걷는 사람들의 중요성에 대해 끊임없이 이야기한 바 있다. 또한 유현준 교수도 『도시는 무엇으로 사는가』에서 사람들이 걷고 싶어하는 거리와 걷는 사람들이 만들어내는 활력에 대해 말했다. 보행자는 이처럼 도시와 지역의 활력을 만들어낸다는 점에서 그 어떤 것보다도 중요하다.

걷고 싶은 거리의 상업적 정의

보행자를 걷게 하려면 걷기 좋은 환경을 만드는 것이 중요하다. 이러한 환경은 보행자로 하여금 더 많은 소비를 이끌어내기도 한다. 2010년의 한 연구[25]에서는 인사동과 문정동을 비교하면서 보행자들의 구매활동에 영향을 미치는 요인을 분석했다. 이에 따르면 걷기 좋은 거리의 환경이 보행자의 만족도를 높이고 더 오래 머무르게 함으로써 그 지역의 소비도 증가하는 것으로 나타났다.

재미있는 점은 걷기 좋은 거리의 환경이란 단순히 거리 그 자체뿐만이 아니라 상점과 시설물 등을 포함한 개념이라는 점이다. 상점에서 더 좋은 서비스와 상품을 판매할수록 거리 환경은 걷기에 더욱 좋아지며, 거리의 다양성이 높고 공간과 사회적 혼잡도가 낮을수록 더 걷기 좋은 거리가 된다.

대형 쇼핑몰들은 이미 이런 사실을 직간접적으로 체감하며 파악하고 있다. 그래서 내부를 더 화려하고 걷기 좋은 곳으로 만들어 방문자들이 더 많이 배회하게 만든다. 그러한 점에서 쇼핑몰의 완비된 주차장도 자동차로 이동하는 사람들을 불러모아 걷게 만들기 위한 일종의 유인 수단이라 할 수 있다.

　이것이 의미하는 바는 무엇일까? 상권이 번영하기 위해서는 가로(街路)가 걷는 사람들을 유치할 수 있어야 한다. 매력적인 상점과 다양성, 걷기 좋은 물리적 환경 등이 사람들을 불러모은다. 우리는 그동안 상권지 자체에만 지나치게 초점을 두었다. 이제는 초점을 달리할 필요가 있다. 상권의 환경이 보행자에게 얼마나 적합한지를 먼저 살펴봐야 한다. 만약 처음에는 걷기 좋은 환경이었더라도 나쁘게 변하면 걷는 사람들도 떠나고 말 것이다. 걷는 사람이 떠난 자리에 남는 건 아무것도 없다.

골목은 어떻게 상가로 변할까

'뜨는 상권'들의 공통점은 무엇일까? 대표적인 곳이라 할 수 있는 망원동, 연남동, 성수동, 익선동 등의 공통점이라면 대중교통에서 인접한 오래된 주거 밀집 지역이라는 것이다. 문래동과 성수동 일부 지역은 낡은 공장지대를 용도 변경하는 식으로 활용되고 있지만, 이는 일부분에 그치고 대부분은 주택단지임을 알 수 있다. 이미 한참 떠버린 상수동, 홍대, 가로수길 등을 살펴봐도 마찬가지다.

왜 이렇게 낡은 주택 밀집 지역이 뜨는 상권으로 변하는 것일까? 이런 지역은 거주민의 구매력도 높지 않고 외부인의 유입도 많지 않기 때문에 지가와 평균 임대료가 매우 저렴하다. 바로 이 점이 도전적인 아이템을 들고 시작하려는 사업자들에게 최선의 환경이 된다.

특히 다가구주택의 1층과 반지하층의 특성을 생각하면 이해하기가 쉬울 것이다. 보통 주택에서 1층, 특히 도로에 접하고 있는 곳은 주거환경이 좋지 못하다. 지나가는 사람의 시선 때문에 프라이버시를 제대로 유지하기 힘들다. 그래서 다가구주택의 1층은 프라이버시와 안전 문제로 항상 창을 닫거나 커튼을 치고 생활한다. 반지하층도 마찬가지다. 지나가는 사람들의 시선이 닿기 어렵지 않은데다 반지하 특유의 어둡고 습한 환경으로 인해 꺼리게 된다.

그러나 이런 환경이 상업적 목적으로서는 최적의 조건이 된다. 상가에서 제일 중요한 것 중 하나가 '얼마나 많은 사람들에게 노출될 수 있느냐'이다. 지나가는 사람들에게 노출도가 높은 1층은 주거조건으로서는 나쁘지만, 상가로서는 최적의 조건으로 뒤바뀐다. 용도만 바꾸고 상점의 목적에 맞게 내부를 고치면 제법 좋은 상가가 된다. 주거환경으로 역시 나쁜 공간인 반지하도 상가로서는 차선책으로 등극한다.

여기서 오래된 다가구주택이 상권화되기 좋은 장점이 또 하나 드러난다. 용도변경과 개조가 비교적 쉽다는 점이다. 단독주택이나 다가구주택의 1층은 기존의 문을 활용할 수 있을 뿐만 아니라 벽을 허물고 새로운 문이나 창을 만들 수 있다. 또는 기본 뼈대를 두고 리모델링을 할 수도 있다. 상권의 성장이 거의 마무리된 홍대 근처에서는 일반 가정집을 개조해 통째로 카페로 쓰는 모습을 쉽게 볼 수 있다.

아파트 1층의 경우 똑같이 노출이 많긴 하지만 개조해서 상가로 쓸 수 없다. 특성상 공간을 개조하는 데 제약이 많기 때문이다. 그곳의 테라스를 입구로 만들 수 있을까? 불가능하다. 따라서 주요 아파트 단지들은 애초부터 주상복합 모델로 저층을 상가로 만들거나, 아파트를 아예 외부와 단절시켜 프라이버시를 보호하려 한다. 바로 이런 차이가 오래된 주택단지가 새로운 상권으로 발돋움할 수 있는 조건이 된다.

또한 주거 임대료보다 상가 임대료가 훨씬 높다는 것도 상업지역의 주거지역으로의 침투에 한몫을 한다. 당장 가까운 부동산에 가서 매물과 임대시세를 보면 알 수 있다. 주거용으로 월 임대료가 100만 원이 넘는 곳을 찾기는 어렵지만, 조금만 상권이 발달된 곳으로 가보면 월 임대료 200~300만 원은 손쉽게 볼 수 있다.

고가로 비교하면 차이가 더 극명하게 벌어진다. 서울숲에 위치한 고급 아파트인 갤러리아포레는 2017년 7월 기준으로 보증금 2~3억 원에 월세가 1,200만 원 이상이다. 그에 반해 서울의 대표적인 상권인 강남역의 강남대로변에 위치한 상가들은 월 임대료가 1억 원을 넘는 것으로 알려져 있다. 결국 이 수익성의 차이가 주거지역이 상업지역으로 변하기 쉽게 만든다.

그러나 오래된 주택단지가 모두 뜨는 상권의 후보지가 되지는 않는다. 일단 대중교통과의 접근성이 좋아야 한다. 앞서 말했듯이, 상권은 사람들이 상점을 찾고 머무르고 걸어서 돌아다니면서 인기를 얻게 되므로, 도보 이동자를 더 많이 모으려면 대중교통과의 접근성이 필수적이다. 이 부분에서는 대량수송에 편리한 지하철이 큰 역할을 한다.

또한 주변의 핵심 상권에서 멀지 않은 주택단지가 그 후보지를 차지하게 된다. 이는 도전적인 아이템을 들고 사업을 시작하는 최초의 진입자들이 원래 영업하던 지역의 임대료가 상승하자, 인근의 비교적 저렴한 지역을 탐색하는 경향이 있기 때문이다. 이는 기존의 중심 상권에서 발생한 젠트리피케이션에 대한 피난의 성격이 있기에, 특별한 조건이 있지 않는 이상 비교적 인근 지역으로 옮겨가는 것이다.

실제로 가로수길은 압구정 로데오의 대안으로 부상한 곳이며, 경리단길과 해방촌은 이태원의 과열로 인해 떠오른 지역이다. 마찬가지로 홍대 인근의 임대료가 계속 오르자 상수, 합정이 부각되었고, 이곳의 임대료도 크게 오르자 연남동과 망원동이 새로운 도피처로 각광받고 있다. 이런 식으로 단독주택과 다가구주택 단지는 새로운 상권을 키워낼 인큐베이터가 될 가능성이 매우 높다. 현재의 추세를 보면, 상권은 개개의 사업자들이 골목을 중심으로 만들어낸 상권, 그리고 정교한 기획을 통해 만든 기업형 대형 상권으로 양분되고 있다.

그러나 기업형 대형 상권은 아무나 들어갈 수 없다. 실내 인테리어 비용이 매우 많이 드는 곳에 동네 김씨 아저씨의 작은 수제 피자가게가 들어갈 수는 없는 노릇이다. 따라서 이러한 곳은 대형 프랜차이즈, 그리고 다른 곳에서 확실하게 인지도를 얻은 사업자가 입점할 수 있다. 대형 프랜차이즈가 아닌 이상에야 브랜드를 형성하고 인지도를 쌓아나갈 수 있는 곳은 결국 주택단지의 골목에 위치한 상권이다.

현재 1980년대와 1990년대 초반에 지어진 골목의 주택들은 이런 식으로 상가로 바뀌고 있다. 기본적인 상황에 큰 변화가 없다면, 지금으로부터 10년 뒤에는 2000년대 초반에 지어진 주택들이 상가로 변해갈 것이다. 그것들이 새로운 상권을 만들고, 새로운 사업 아이템을 키워내는 인큐베이터가 되는 모습을 볼 수 있을 것이다.

다양성이 사람들을 모이게 한다

 제인 제이콥스는 『미국 대도시의 죽음과 삶』을 통해서 도시에서 다양성의 중요함을 일관되게 말하고 있다. 다양성의 밀집이 더 많은 '가로 위의 눈(eyes on the street)'을 만들어 거리를 좀 더 안전하게 하고, 사람들을 더 머무르게 만들어 도시에 활력을 준다는 것이다.

서울의 뜨는 상권 중 하나인 성수동의 사례를 보자. 보통 서울숲과 '성수동 카페거리'라 부르는 성수역 3번 출구 길을 묶어서 성수동 상권이라고 하지만, 이 둘은 별개로 떨어진 곳이다. 실제로 둘은 직선거리로 1km가 넘게 떨어져 있는데, 이 사이에 수많은 공장들이 마치 실크로드 가운데의 타클라마칸 사막처럼 자리하고 있다.

일단 서울숲 상권은 괜찮은 곳이다. 전체 배후 규모가 다소 작고, 초기 임대료가 예상보다 빨리 올라 잠재력 측면에서 아쉬운 점이 있지만, 사람들을 확실하게 끌어모을 수 있는 서울숲이라는 집객시설이 존재한다는 것이 큰 장점이다.

또한 네이버 지도나 다음 지도(카카오맵)를 통해 해당 지역의 로드뷰를 보면 알겠지만, 교통 통행량이 적은 작은 골목의 다가구 주택단지에

양분화된 성수동 상권 자료: 다음 지도

다양한 가게들이 입점해 있다. 이런 가게들이 위치한 골목들은 걸어서 돌아다니기 어렵지 않으며, 입점한 가게의 다양성은 사람들에게 방문할 만한 매력이 있다.

　반면 성수역 3번 출구의 카페 상권은 한 번이라도 가봤으면 알겠지만, 2차선 도로를 중심으로 좌우에 대형 건물들과 카센터, 공업사, 창고가 형성되어 있다. 건물이 애매모호하게 들어선 공업/비즈니스 단지의 느낌이다. 이곳에 몇몇 카페만 있어서 지역 전체로 보자면 매우 황량한 느낌을 준다. 당장 한 블록만 안쪽으로 들어가도 아파트형 공장과 공업사, 피혁점, 카센터 등이 있어서 발길을 깊게 들이고 싶지 않다.

　또한 성수역 인근은 공장과 IT 단지들이 밀집한 곳으로 직장인들의 움직임에 따라 지역 전체의 활기가 달라지는 전형적인 비즈니스 타운이다. 그곳이 가장 활기찬 시간은 평일 출근시간, 점심시간, 그리고 퇴근시간이다. 점심시간인 12~1시에는 활기가 넘쳐흐르지만, 오후 2시만 넘어가면 인적을 찾아보기 힘든 공간이 된다. 더군다나 퇴근 이후인

평일 밤시간이나 주말의 경우는 제대로 된 인적을 찾아보기도 힘들다.

만약 공업사와 카센터들이 일반 다가구주택이었다면, 사람들이 거부감이 크게 들지 않아 가볍게 돌아다닐 수 있었을 것이다. 또한 다세대주택의 성격상 1층이나 건물 전체를 개조해서 가게를 운영할 수도 있었을 테고, 거주민들도 주변의 유동인구를 발생시켰을 것이다. 그랬다면 이 지역이 가지고 있는 황량함을 조금이나마 줄여줬을 것이다. 하지만 대부분의 공장들이 오랜 세월 영업 중이므로 입주 자체가 쉽지 않고, 규모가 주택에 비해 크기 때문에 더 많은 자본과 더 철저한 계획을 필요로 한다.

따라서 성수역 카페 상권에서 가장 핫한 플레이스인 전시를 겸하는 카페, 빈 창고를 개조해서 만든 카페들은 공통적으로 제법 큰 규모를 자랑한다. 뒤집어 말하면, 이 지역은 이 정도 규모와 자본력에 기획력까지 갖춘 사업자가 아니고서는 진입이 힘들다는 이야기다. 진입 사업자가 많을수록 다양한 가게와 볼거리들이 생겨나는데, 이러한 지역적 조건은 다양성을 만들어내지 못하고 그저 단조로운 몇 개의 핫스팟만 만들어낼 뿐이다.

서울숲 상권은 공원과 다가구주택, 고급 주상복합 아파트와 공업사, 상가가 조화롭게 섞여 있을 뿐만 아니라 상가에 입점한 가게들도 다양하다. 즉 제인 제이콥스가 말한 다양성이 넘쳐흐르는 곳이다. 이러한 다양성은 언제, 어느 때 이 지역을 방문하더라도 사람들이 활력 가득한 환경을 만들어낸다. 반면 성수역 카페 상권은 비즈니스 타운에 독특한 카페가 몇 개 들어선 곳이다. 지역의 용도와 상점도 단조롭기에 직장인들이 길을 채우는 시간을 제외하면 활기를 찾아보기 어렵다. 방문할 곳은 카페뿐으로, 지역에 머무르게 할 다양성이 없다. 그래서 이 지역을 방문한 보행자들은 목적을 달성한 후에는 재빨리 다른 지역으로 빠져나간다.

이런 지역이라도 인근의 발달된 상권으로 접근이 쉽다면 연계 상권으로서 다양성을 높일 수 있었을 것이다. 그런데 문제는 성수역 카페 상권은 고립되어 있다는 점이다. 서울숲 상권까지의 직선거리만 1km가 넘으며, 건대입구 상권까지는 더 멀다. 더군다나 건대입구 상권은 성수역 카페 상권을 방문하는 사람들이 찾아갈 만한 매력이 없다. 이 지역은 이런저런 조건들로 인해 단조로움을 계속 유지할 수밖에 없는 것이다.

결국 같은 성수동 상권으로 분류되지만, 서울숲 상권과 성수 카페거리가 이렇게 명확한 차이를 보이는 것은 바로 다양성 때문이다. 다양성이 사람들을 불러모으며 더 오랜 시간 머무르게 한다는 것을 기억하자. 특정 지역의 상권이 어느 정도 발달해 있는지를 확인하는 데도 이 기준은 매우 유용하며, 이것은 상권의 미래를 예상하는 데도 도움이 된다.

부동산 중개업소와 옷가게는 왜 큰길에 있을까

 동네에 있는 부동산 중개업소의 숫자를 세어보면 아마 깜짝 놀랄 것이다. 이처럼 부동산 중개업소는 어느 동네에서나 쉽게 찾아볼 수 있다. 그런데 하나같이 좋은 길목을 점유하고 있는 경우가 많다. 건물의 2층에 있는 경우는 거의 드물고, 대부분 1층, 그것도 후미진 곳이 아니라 유동인구가 많은 길목에 있다. 왜 이런 곳에 자리하고 있을까? 이는 부동산 중개업소의 특성을 생각해보면 알 수 있다.

부동산 중개업소와 옷가게의 공통점

한 동네에 위치한 중개업소들이 보유 중인 물건들은 대부분 크게 다르지 않다. 중개인의 영업력에 따라 다르겠지만, 그 물건이 그 물건인 경우가 많다. 특히 아파트를 주로 거래하는 부동산이라면 사실상 거래하는 상품의 차이가 없다. 같은 동네의 업소들은 이처럼 서로 거의 동일한 상품을 파는데다가 가격도 지역 평균으로 형성되어 있어서 서로 차별화되는 요소가 거의 없다. 부동산을 찾는 손님들도 혹시나 싶어서 여러 곳을 방문하는 것이지, 각각이 차별화된 곳이라 여러 중개소를 돌아다니는 것이 아니다.

이처럼 차별화되지 않은 상품을 거래하는 곳이 판매량을 극대화하기 위해서는 소비자들의 방문 횟수를 최대한 늘려야 한다. 유동인구가 많은 지역에 위치하여 가게의 노출을 늘림으로써 잠재적 소비자들의 유입을 극대화하는 것이다.

또한 사람들은 2층에 있는 간판에 크게 주목하지 않고 계단을 올라가는 것을 상당히 번거로워하기 때문에 1층에 있는 것이 압도적으로 유리하다. 그런데 이런 곳은 임대료가 비싸다. 하지만 이들이 비싼 임대료에도 불구하고 그 위치에 있는 것은 수입구조가 그것을 감당하기에 충분하기 때문이다.

예를 들어 서울의 5억 원짜리 아파트 매매 거래를 생각해보자. 상한요율인 0.4%를 가정할 경우 중개수수료는 200만 원이다. 거래 물건이 비쌀수록 수수료도 크기 때문에 거래 횟수를 늘리기 위해서라면 높은 임대료를 감당할 여지가 생긴다.

옷가게도 마찬가지다. 가끔 번화가에 브랜드도 없는 옷가게들이 입점해 있는 것을 볼 수 있다. 대체 이런 곳은 얼마나 많이 팔길래 임대료를 감당할 수 있을까 의문이 들 것이다. 이들이 인적이 많은 길에 위치해 있는 이유도 부동산 중개업소와 크게 다르지 않다.

의류는 계절과 유행이 명확해서 유통기한이 매우 짧다. 당장 계절이 지나도록 옷을 팔지 못하면 고스란히 창고에서 자리만 잡아먹는 재고품이 되어버린다. 1년 이상 묵은 옷은 누구도 제 돈을 주고 사길 원치 않기 때문에 재고는 정가에 팔 수 없게 된다. 결국 브랜드 의류라도 철이 지난 옷들은 할인매장으로 흘러가서 싼 값에 팔릴 수밖에 없는 운명이 된다.

옷가게는 사람이 들어온다 해서 반드시 구매하는 것이 아니다. 그러므로 최대한 많은 사람들이 지나가다가 들릴 만한 장소에 위치해야 한다. 이런 장소들은 임대료가 매우 비싼 곳이다. 그래도 사람들이 찾지도 않는 곳에 입점해서 기껏 들여놓은 옷을 헐값에 다른 곳으로 넘기는 것보다는, 임대료가 비싼 곳이라도 많이 파는 것이 낫다. 그래서 옷가게들은 임대료를 감당하기 위해서라도 제조원가 대비 충분한 마진을 붙여서 판매한다.

큰길에 위치할 수밖에 없는 이유

부동산 중개업소와 옷가게는 공통적으로 소비자가 점포의 공간을 점유하지 않으므로 회전이 매우 빠르다. 그러므로 방문자 수를 증가시켜 그중에서 구매 의향을 가진 사람의 수를 늘리는 것이 매출 증대로 이어질 수 있다.

보행량과 매출에 관한 연구[26]에 따르면, 유동인구의 입점률은 약 5%로 보행인구 100명당 5명이 가게로 들어온다. 결국 50명이 가게로 들어오기 위해서는 보행인구 1,000명이 필요하며, 500명의 경우 1만 명이 필요하다는 이야기이다. 따라서 매출이 늘어나기 위해서는 보행인구가 더 많아야 한다.

앞에서 살펴봤듯이, 부동산 중개업소와 옷가게는 업종의 특성이 비슷하기 때문에 유동인구가 많은 큰길에 주로 위치한다. 사람이 많이 다니는 곳이라면 휴대폰 판매 매장들이 즐비한 이유 또한 이와 같다. 이것은 소매유통업의 공통된 특징이기도 하다. 업종이 가지고 있는 특성에 따라 매출의 한계가 결정되고, 사실상 그에 맞춰 입점할 수 있는 곳이 정해진다. 그래서 임대료에 따라 도로 주변에 들어설 수 있는 가게들이 서로 달라지며, 우리가 늘 지나다니는 도로의 풍경이 결정된다. 이 점을 염두에 두면 앞으로 주변의 길거리가 달리 보일 것이다.

이면도로와 골목길의 중요성

 지금 당장 자신이 주로 찾는 번화가를 떠올려보자. 그 모습은 어떤가? 그리고 그곳의 어디에서 많은 시간을 보내는가? 대부분의 번화한 상권에서 사람들이 주로 머무르고 소비하는 곳은 대로변이 아닌 이면도로와 골목길이다.

다음의 그림은 각각 강남역과 이태원, 종각역, 그리고 홍대 상권을 표시한 것이다. 사람들은 이들 지역에서 대로변에 오래 머무르거나 방황하지 않는다. 주로 시간을 보내는 곳은 지도에 표시된 이면도로와 골목길이다. 모든 번화한 상권들은 구석구석 뻗어 있는 이면도로와 골목길이 존재한다. 대로가 아닌 이곳에 맛집과 즐길거리들이 들어서며, 상권이 발달할수록 가게들은 더 안쪽 골목으로 퍼져나간다.

대로보다 골목이 왜 소비의 핵심지가 된 것일까? 그것은 상권이 발달할수록 안쪽으로 퍼져나간다는 점에서 알 수 있듯이, 바로 임대료 때문이다.

상권이 잘 발달하지 못했을 때는 메인 도로변에 모든 것이 들어서 있다. 그런데 외부 요인 등으로 인해 유동인구가 많아지면 대로변의 건물 가치는 크게 상승한다. 이에 따라 이 건물들은 재건축, 증축을 통해

강남역 상권의 이면도로 자료: 다음 지도

이태원 상권의 이면도로 자료: 다음 지도

규모를 키워나간다. 이렇게 되면 최초에 입점했던 가게들은 오른 임대료를 감당하기 힘들어진다.

자영업의 매출은 업종에 따라 그 한계가 정해져 있다. 예를 들어 소비자들이 가게로 들어와 공간을 점유하는 형태인 음식점의 경우 다른 업종보다 회전율이 낮기에 감당할 수 있는 임대료의 상한선도 낮다. 업

종각역 상권의 이면도로   자료: 다음 지도

홍대 상권의 이면도로   자료: 다음 지도

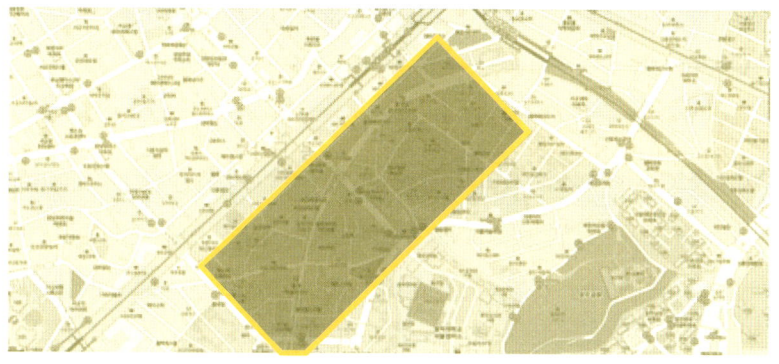

종을 변경하지 않는 이상 그 자리에서 영업을 계속 하기는 힘들다.

그러면 이 가게들이 할 수 있는 선택은 사업을 포기하거나, 임대료가 비교적 저렴한 대로 안쪽의 이면도로와 골목길로 옮기는 것뿐이다. 이면도로는 임대료가 낮고 유동인구가 많은 대로변과 접근성이 좋으며 차량 통행량이 비교적 적기 때문에 사람들이 걷기에도 대로보다 좀

더 나은 환경이다. 그래서 이면도로에 다양한 아이템의 가게들이 들어서면서 사람들을 유혹하게 되고, 곧 이곳은 좀 더 소비하기 좋은 공간이 된다. 이러한 변화의 중심은 작은 가게들이다.

제인 제이콥스에 따르면, 도시는 다양성을 떠받칠 수 있을 정도로 충분히 많은 사람이 존재하는 공간이므로 소규모 업체들이 존재할 수 있고, 이러한 업체들이 도시에 다양성을 더한다. 다양성에는 작은 가게들이 필수적이다. 이들은 크고 비싼 공간보다 작고 저렴한 공간을 필요로 한다. 여기에 해당하는 곳이 바로 이면도로와 골목이다. 이처럼 작은 가게들이 공간을 더욱 다양하게 만들기에, 이곳들은 대로보다 좀 더 매력적이고 사람들이 걸어다닐 만한 공간이 된다.

이면도로와 작은 골목에는 다양한 음식점들이 들어선다. 요식업은 회전 수가 제한되어 있으며, 주로 점심시간과 저녁시간에 손님이 몰리므로 면적당 매출이 한정되어 있고, 이 한정된 매출에서 수익을 극대화하기 위해서는 임대료의 비중을 낮춰야 하기 때문이다.

에드워드 글레이저는 『도시의 승리』에서 성공하는 도시의 요건으로 '소비와 즐거움이 가득한 것'을 들었다. 소비의 시대에 음식은 단순히 배고픔을 충족하는 것을 넘어서 즐거움의 한 요소로 발전했다. 그런 점에서 보자면, 특색 있고 사람들을 끌어들일 수 있는 음식점들은 '도시 성공의 상징'이자 '상권 성공의 상징'이라고 할 수 있다. 골목길은 그 역할을 한다는 점에서 상권에서 매우 중요한 위치를 차지한다.

상권과 가로가 변화하는 극적인 과정은 가로수길을 통해 확인할 수 있다. 다음 지도의 로드뷰 서비스는 촬영 시점을 달리해서 거리가 어떻게 변해왔는지를 확인해볼 수 있다.

2008년부터 2016년까지의 변천을 보면, 화방과 작은 옷가게 등이 가득했던 가로수길이 어떻게 휘황찬란한 상가들이 가득한 거리로 변했는지를 볼 수 있다. 또한 그 과정에서 이면도로인 세로수길이 아무것도 없는 공간에서 어떻게 가로수길이 원래 하던 역할을 수행하는 거리가 되었는지도 확인할 수 있다.

그렇다면 소비의 중심이 이면도로와 골목으로 옮겨갔으니 대로변은 가치가 떨어진 것일까? 그렇지는 않다. 건물 규모가 대형화되고, 유동인구도 이면도로 쪽의 상권이 발달할수록 더욱 늘어나게 된다. 이렇게 되면 대로변에 입점할 수 있는 사업들은 큰 규모와 높은 임대료를 감당할 수 있어야 한다. 이는 결과적으로 대기업 계열의 사업이 입점할 수밖에 없는 요인이 된다. 또한 많은 유동인구들에 노출을 노리는 자동차나 가전 등의 전시/판매장, 대기업의 대형 프랜차이즈, 다시 말해 매

가로수길(2008년 11월)   자료: 다음 지도

가로수길(2012년 4월) 자료: 다음 지도

가로수길(2016년 7월) 자료: 다음 지도

출 단가가 낮고 고려사항이 많은 요식업보다는 유통업이 우선된다. 또한 브랜드의 홍보를 위해서 대로변에 위치하는 경우도 많다. 이와 같이 대로변에는 소비의 중심이 되지는 않아도 풍부한 유동인구를 활용하거나 임대료를 충분히 감당할 수 있는 가게들이 위치하기에 가치가 올라간다.

  향후에 상권이 계속 발전해나가면 상가들이 이면도로가 중심이 된 상권보다도 더 안쪽 지역을 찾아 퍼져나간다. 그렇게 확장되고 발전한 예가 지금의 홍대 상권이며, 이곳은 중간에 대형도로나 상권을 단절시킬 만한 특수한 지역이나 건물 등이 없었기 때문에 상수역과 합정역 일대까지 연결된 초대형 상권이 될 수 있었다.

강남역은 왜 재미가 없을까

 강남역 상권은 유동인구 기준으로 서울에서도 최상급의 상권에 해당한다. 명동이 외국인 관광객들에게 점령당한 현재, 강남역 상권은 도시의 상징이자 번화가의 상징이 되었다. 그러나 서울의 대표 상권이자 가장 번화한 이곳은 그 명성에 걸맞지 않게 지루한 곳이기도 하다.

강남역에는 새로운 것이 없다. 딴 지역에서 이미 성공한 아이템들이 골목에 자리잡고 있으며, 어디에서도 볼 수 있는 흔한 상점들이 단지 규모를 키워서 자리잡고 있을 뿐이다. 맛집을 기준으로 삼을 경우 이 부분은 좀 더 명확해진다. 다른 지역의 상권에서 맛집을 꼽아보라면 어렵지 않게 몇몇 가게들을 써 내려갈 수 있을 것이다. 그러나 막상 강남역에는 맛집이라 하기엔 애매한 가게들이 대부분이다.

강남역이 이처럼 흔한 상점들로 가득한 상권이 된 데에는 비싼 임대료가 큰 몫을 한다. 대체로 임대료가 낮은 지역은 고정비용의 부담이 적기에 다양한 시도를 할 수 있는 작은 가게들이 들어서기에 좋은 환경이다. 그러나 잘 발달되어 임대료가 높은 상권은 새로운 시도를 했다가 실패할 경우 높은 고정비용을 감당할 수 없게 된다. 따라서 임대료가 높은 곳은 위험회피적인 사업자와 가게가 들어설 수밖에 없다. 이런 가게들은 다른 곳에서 이미 성공하여 인지도를 확보한 아이템을 규모를 키워 다루게 된다. 이것이 강남역에 뻔한 가게들만 들어서는 이유이다.

강남역의 임대료가 얼마나 높은지는 2016년 초 파리바게트와 뚜레주르의 철수를 통해 확인할 수 있다. 당시 월세가 1억 원이 넘었던 것으로 알려져 있다.[27] 파리바게트는 이미 월세가 7천만 원이던 시절부터 적자였다고 한다. 그럼에도 불구하고 점포를 계속 유지해온 것은 사람들이 워낙 몰리는 곳이어서 대형점포를 유지하는 것만으로도 광고판 효과가 나서다.

여기서 쉽게 이해가 안 가는 부분이 있을 것이다. 일반적으로 다른 지역은 임대료가 과도하게 오를 경우 더 이상 감당할 사업자가 없어져서 공실화되는 공동화 현상이 발생한다. 압구정 로데오 거리가 그런 공동화로 인해 빈 건물이 많아지면서 활기를 잃어버린 지역이다. 그런데 왜 강남역은 높은 임대료에도 불구하고 공동화가 발생하지 않는 것일까? 해답은 강남역 상권이 가지고 있는 압도적인 지리적 우위에 있다. 그것도 그냥 지리적 우위가 아니라 대체 불가능한 우위다.

강남역은 주변의 오피스타운 사이에 홀로 자리한 번화한 상권이다. 신촌, 홍대 등의 상권들은 인근 지역에 배후지와 대체지가 갖춰져 있지만, 그곳은 주변에 비길 만한 대체지가 없다. 더군다나 교통의 요지로서 수원, 성남, 용인, 하남 등의 수도권 동남부뿐만 아니라 사실상 수도권 전역을 커버한다. 이런 교통조건 때문에 강남역은 많은 사람들의 모임장소 제1후보지로 오를 수밖에 없다. 이 정도의 우위를 가지고 있으니 공동화가 발생하지 않고 끊임없이 유동인구가 모여들 수밖에 없는 것이다.

이것은 강남역의 건물주와 임대인들에게 매우 좋은 조건임에 틀림없다. 어떤 상황에서나 유동인구가 몰려드는 지역은 가치가 매우 높을 수밖에 없다. 그러나 반대로, 이는 익숙한 것들만 자리할 수밖에 없고 높은 진입 비용으로 인해 다양성이 확보되지 못한다는 단점이 있다. 그래서 이곳을 방문하는 사람들이 느끼는 매력은 그다지 크지 않다. 대안이 없어서 찾는 지역이 재미가 있을 리 없다.

강남역은 정말 예외적인 곳이다. 그곳에서 통용되는 조건은 다른 상권에서는 적용되지 않는다. 오피스 밀집지이자, 주변에 대체할 만한 상권이 없으며, 모든 교통이 집중되는 입지, 특별하고 대체 불가능한 곳이기에 상권이 갖는 매력이 낮아도 사람들이 모이는 것이다.

다른 대부분의 상권들은 강남역만큼의 희소성과 독보적인 입지를 갖고 있지 못하다. 그래서 상권과 건물이 가진 내재가치보다 임대료를 더 높게 올릴 경우, 그 지역을 중심지로 만들었던 상점들이 주변의 저렴한 곳으로 옮겨가고 빈 자리로 남아 침체로 이어지게 된다.

갈수록 낮아지는 대로의 가치

과거부터 큰길(대로)은 다른 어떤 곳보다도 우월한 입지였다. 수많은 사람들을 수송하는 대중교통이 대로를 중심으로 퍼져 있고, 많은 사람들을 그곳으로 향하게 만들며, 그곳으로부터 다른 길목으로 퍼져나가기 때문이다. 그래서 대로는 언제나 다른 그 어떤 길보다도 유동인구가 많아서 노출이 중요한 유통업체에게 매우 중요한 입지였다.

대로가 가지는 효과는 크게 두 가지로 볼 수 있다. 첫째, 많은 유동인구가 일으키는 매출효과이다. 둘째, 많은 유동인구에게 브랜드가 노출되는 광고효과이다. 그런데 지금은 과거만큼 대로가 높게 평가받지 못하고 있다. 가장 큰 원인 중의 하나는 인터넷과 모바일 상거래의 발달이다. 과거라면 사람들이 많이 오가는 대로의 매장에서 판매되었을 상품들이 지금은 인터넷과 모바일을 통해 판매되고 있다. 온라인 거래는 입지의 우위가 필요하지 않기 때문에 그만큼 더 저렴한 가격으로 판매할 수 있다. 특히 구매 빈도가 잦은 상품은 당일 배송까지 해주는 경우도 있다.

결국 대로변에 있는 가게에서 구매하는 물건들은 고가 상품이거나 당장 급하게 사야 하는 상품으로 제한된다. 즉, 과거였다면 대로에서 이뤄졌을 거래들이 온라인으로 옮겨가고 있다. 그래서 유동인구 중에서 가게를 방문하는 집객률은 큰 변화가 없을지 몰라도, 그중에서 물건을 사는 구매율은 하락한 셈이다. 그만큼 대로의 가치도 하락한다.

대로의 가치가 예전 같지 않은 또 다른 이유는 대형 기획 쇼핑몰이 점점 늘어나는 것이다. 기업이 운영하는 대형상가는 기획과 관리를 통해 건물 전체를 상권화하고 있다. 사람들을 건물로 끌어들이고, 그 안에서 배회하며 소비하고 더 오래 머물게 만들고 있다. 이러한 기업형 상가 임대의 대표주자 중 하나가 ENTER-6이다. 패션 아울렛몰을 운영한 경험을 바탕으로 사람들이 더 오래 머무르고 돌아다니며 소비할 수 있는 공간을 만들어낸다. 공간과 동선에 대한 연구와 함께 입점 상가에 대한 큐레이팅으로 그저 답답한 건물 내 상가가 아니라, 내부에 '걷고 싶은 거리'를 만든 것이다.

이것이 돈이 된다는 것을 깨달은 기업들은 과거처럼 상가를 분양 매각하지 않고, 직접 기획하고 운영하여 임대료를 거두는 방식으로 전환하기 시작했다. 옛날 같았으면 같은 건물의 내부 주거가구를 대상으로 했을 주상복합 아파트의 상가도, 이제 다양한 기획과 입점 상가에 대한 큐레이팅을 통해 외부인들까지 찾게 만들고자 노력하고 있다.

예를 들어 합정역에 위치한 메세나폴리스나 마포한강푸르지오의 경우 각각 617세대, 396세대이다. 사실 거주세대 수만 따지자면 정상적인 영업을 위한 수요에 모자란다. 그러나 이들은 홍대 상권과 인접해 있고, 합정역 바로 옆이라는 입지를 활용하여 상가를 거대한 쇼핑몰로 만들었다. 동선에 대한 연구 등을 통해 내부구조와 배치를 최대한 많은 사람들이 찾고 소비하며 머무르게 기획했다. 이는 대로에 늘어선 건물을 따라 자유롭게 늘어선 상가들이 경쟁하기 쉽지 않은 조건이다. 특히 우리나라는 혹한과 혹서라는 기후상의 제약이 있는데, 이런 쇼핑몰은 기후에 상관없이 쾌적하기까지 해서 안정적인 집객에 유리하다. 이로 인해 대로의 가치는 더욱 하락할 수밖에 없다.

하남시에 위치한 신세계의 대형 복합 쇼핑몰인 스타필드도 마찬가지다. 이들은 앞의 사례와는 반대로 외곽 지역의 저렴한 부지를 개발하여 기획을 통해서 내부 전체를 걷고 즐길 수 있는 상업가로로 만들었다. 좁은 인도에서 사람들과 부딪히지 않아도 되고, 차를 조심하지 않아도 되며, 사시사철 편안한 환경에서 쇼핑할 수 있다. 그야말로 건물과 내부공간을 가장 충실한 가로로 만든 것이다.

개인 임대업자 vs 기업 임대업자

이러한 현상은 미국도 마찬가지다. 아마존의 등장 이후로 미국의 상업용 부동산에 대한 전망은 좋지 않다. 많은 소매업체들의 폐쇄가 예상되고, '아마존의 등장이 유통업체들을 몰락시키고 있다'는 평가가 나올 정도이다.

그런데 흥미롭게도 '오마하의 현인'이라 불리는 워런 버핏은 부동산투자신탁 회사인 스토어캐피털에 투자를 했다. 이 때문에 "버핏이 부동산에 투자를 한다"며 사람들이 술렁거리기도 했다. 스토어캐피털이 투자하는 부동산은 상업부동산으로, 주요 투자대상은 전통적인 소매

업종이 아니라 '경험적 소매'가 중요해서 인터넷 저항이 큰 업종이다. 이를테면 인터넷으로 대체가 쉽지 않은 보육시설, 헬스클럽, 가구점, 공예점 등이 주요 타깃이다.[28]

대형 쇼핑몰은 바로 이런 경험적 소매업종을 집약하는 것에 유리하다. 그럴 경우 사람들은 쇼핑몰 안에서 더 오랜 시간을 보내게 되고 그만큼 대로에서의 소비는 줄어든다. 이제 대로의 두 가지 효과 중 매출 효과는 갈수록 줄어들 수밖에 없다. 광고효과를 제대로 발휘할 수 있는 곳이 아니라면, 대로의 가치는 상대적으로 과거만큼의 우위를 누리기가 힘들다.

복합 쇼핑몰들은 이러한 시대적 변화와 위협에 대응하기 위해 나름대로 변모한 형태다. 그에 반해서 대로는 이 위협에 어떻게 대응하고 어떤 변화를 택했을까?

현재 정부에서 추진 중인 복합 쇼핑몰에 대한 규제는 대로와 골목 상권의 가치를 떨어뜨리고 있다는 시각에서 등장한 것이다.[29] 그러나 앞서 살펴봤듯이, 골목 상권과 대로의 상가들을 가장 위협하는 존재는 복합 쇼핑몰이라기보다 인터넷, 모바일과 같은 온라인 쇼핑이다. 대로와 골목은 이러한 위협이 등장하기까지 대체 무엇을 했을까?

복합 쇼핑몰은 임대료가 매우 높고 쇼핑몰을 운영하는 기업의 기획과 의도가 반영되어 있으므로 입점 가게의 선정 과정도 거친다. 따라서 아무나 들어가지 못하는 곳이다. 골목 상권이 이런 곳과 경쟁을 한다는 것 자체가 이상한 상황이다. 이 말은 곧 골목 상권의 임대료가 지나치게 고평가되어 있다는 것이나 다름없다. 이 점에서 보자면 골목 상권의 경쟁자는 복합 쇼핑몰이 아니며, 골목 상권과 대로의 건물을 보유하고 있는 개인 임대업자들이라고 볼 수도 있다.

　기존의 개인 임대업자는 단지 입지적 우위를 바탕으로 경제적 이익을 누려왔다. 많은 상권의 침체에서 보듯이, 이들은 건물과 상권에 대한 가치평가 능력이 낮고, 입지적 우위만으로 상권이 가진 부가가치를 빨아들여 왔다. 그에 반해 대형 쇼핑몰은 기획과 운영을 바탕으로 제한된 공간 내에서 부가가치를 창출해내는 방식을 선택했다. 이것을 단지 규모가 크다고 규제한다면 이는 부가가치 창출에 대해 규제하는 것이나 다름없다. 이 점에서 복합 쇼핑몰에 대한 규제는 기업 임대업자에 대한 규제이자 개인 임대업자에 대한 보호와 우대라고 볼 수 있다. 이것은 골목 상권과는 무관한 일이다.

복합 쇼핑몰과의 경쟁에서 살아남는 법

골목 상권을 보호하자는 목소리가 높다. 정말로 골목 상권을 보호하고 싶다면 가장 큰 위협 요소인 인터넷 상거래를 막아버리면 된다. 온라인 마켓들도 주 2일은 아예 접속조차 못하게 막아버리면 사람들이 골목으로 좀 더 나올지도 모르겠다. 이상하다고? 이게 대형마트와 복합 쇼핑몰에 가하는 규제와 똑같다. 물론 이렇게 하자는 이야기가 절대로 아니다. 이러한 규제안이 얼마나 바보 같은 아이디어인지를 보여주기 위한 예시이다.

　이런 점을 감안할 때, 대로의 위기는 다소 안일하게 상권의 가치에 올라타기 바빴던 개인 임대업자들에게도 그 책임이 크다. 이제 세상의 흐름이 크게 변했다는 것을 인지하고 조금 더 적극적으로 움직일 필요가 있다. 복합 쇼핑몰이 인터넷 쇼핑몰이 할 수 없는 분야를 치고 들어간 것처럼, 대로와 골목 상권의 개인 임대업자들도 복합 쇼핑몰이 할 수 없는 가게들이 들어올 수 있게 해야 한다. 그리고 장기적으로는 뛰어난 브랜드를 키워내는 인큐베이터가 됨으로써, 거기서 자란 가게들이 복합 쇼핑몰에도 들어가고 기업화도 되는 방식으로 나아가야 한다. 그것이 대로와 골목 상권이 나아갈 생존의 길이다.

젠트리피케이션의 역학관계

Part 7

대형 프랜차이즈가 상권과 건물의 가치를 올릴 수 있을까

리스크를 대하는 태도와 상권의 관계

상업지역의 젠트리피케이션 현상

상권 황폐화와 권리금

대형 프랜차이즈가 상권과
건물의 가치를 올릴 수 있을까

　　　　　　　　　　상가 임대인들은 대부분 대형 프랜차이즈가 자신의 상가로 들어오기를 바란다. 대형 프랜차이즈는 보통의 임차인들보다 훨씬 더 높은 임대료를 지불할 수 있으며, 사람들을 불러모음으로써 유동인구가 늘어나서 건물 가치도 상승할 것이라고 믿기 때문이다. 일단 대형 프랜차이즈가 다른 임차인들보다 임대료 지불 여력이 좋은 것은 사실이다. 그러나 상권과 건물의 가치가 상승하는 데 도움이 될까?

　스타벅스의 경우를 보면 이 말이 맞는 것 같다. 스타벅스는 임대인에게 매장 매출의 일정 비율을 임대료로 지불하고 있다. 이 브랜드는 상가투자자와 임대인 사이에서 유동인구를 끌어모으며, 건물의 가치와 임대료를 끌어올리는 '키 테넌트(key tenant)', 혹은 '앵커 테넌트(anchor tenant)'로 꼽힌다. 그나마 브랜드 가치를 잘 관리한, 현 소비시장의 제왕이기에 사람들을 모을 수 있는 것이다.

　그런데 사실상 예외라고 분류할 수 있는, 소수의 대형 앵커 테넌트들을 제외하고 나면, 대형 프랜차이즈가 상권과 건물의 가치를 상승시킬 것이라는 믿음은 상관관계와 인과관계를 착각한 결과에 가깝다. 대형 프랜차이즈는 낙후된 상권에 진입하지 않는다. 이런 업체가 생존하기 위해서는 충분히 많은 수요가 필요하기 때문이다. 대형 프랜차이즈가 새로 들어선다는 것은, 과거에는 그것을 감당할 수요가 없던 상권이 이제 충분히 발달했으며, 그 추세가 앞으로도 이어질 것이라는 판단이 깔려 있다고 볼 수 있다. 따라서 이후 상권 가치의 상승을 온전히 대형 프랜차이즈의 입점효과라고 보기는 다소 어렵다.

물론 대형 프랜차이즈 진입 시 건물 가치는 단기적으로 오른다. 건물에 대한 가치 평가에서 중요한 요소 중의 하나가 바로 임대료이다. 그런데 일반적으로 대형 프랜차이즈는 더 높은 임대료를 지불하므로 건물 가치 상승으로 이어지는 것이다.

하지만 문제는 대형 프랜차이즈의 입점이 상권의 다양성을 축소시키는 경향이 있다는 점이다. 앞에서 프랜차이즈는 표준화를 통한 대량생산 방식 중 하나라고 말한 바 있다. 이런 프랜차이즈 가게가 다양성과 서비스가 우수한 기존 가게를 밀어낸다면 그만큼 상권의 다양성이 축소된다고 볼 수 있다. 게다가 한두 개로 멈추지 않고 난립하게 되면, 그 상권은 희소가치가 없는 가게들로 가득하게 된다.

다양성이 사람들을 상권으로 불러모으는 역할을 한다면, 프랜차이즈의 난립으로 인한 다양성의 저하는 사람들을 떠나게 만드는 계기가 된다. 기존의 다양한 가게들은 인근 지역으로 도피하고, 그것을 찾던 소비자들도 그들을 따라 이동한다. 이 과정이 표면적으로는 상권의 확장처럼 보이지만, 사실은 기존 상권의 중심부가 단조로워지면서 공동화되고 이동하는 현상에 가깝다. 이런 일이 오래 지속되면 상권이 침체된다. 즉, 건물주들이 건물 가치와 임대수익을 높이기 위해 대형 프랜차이즈의 유입을 유도하는 행위가 장기적으로 상권 전체와 건물 가치의 하락으로 이어질 수 있다는 말이다.

상권의 가치를 낮추지 않는 요건들

이와 같은 다양성의 측면에서 볼 때, 대형 프랜차이즈가 진입해도 상권의 가치가 장기적으로 하락하지 않으려면 다음의 요건 중 하나 이상이 충족되어야 한다.

첫째, 상권의 소비자들이 그 프랜차이즈를 소비하고 싶어하지만 없는 경우, 둘째, 그 상권이 지리적으로 압도적인 우위를 점하여 주변에 대체지가 없는 경우(강남역, 명동 등), 셋째, 그 프랜차이즈가 높은 희소성을 가지고 있는 경우이다.

첫째와 셋째는 대형 프랜차이즈의 진입이 오히려 상권의 다양성을 증가시키는 경우이며, 둘째는 대안의 부재로 다양성이 큰 의미를 가지지 못하는 경우이다.

기존의 상가투자는 이런 것을 크게 신경 쓰지 않았다. 그래서 저평가된 상가를 매입하여 임대료를 높이는 것에 초점을 두고, 임대인들도 상가 가치를 제대로 평가하지 못해 장기적으로 해가 될 수 있는 선택을 한 것이다. 특히 상가 젠트리피케이션이 문제가 되는 지역에서 이러한 현상이 흔하게 벌어진다. 대표적인 사례가 1990년대 강남 번영의 상징이던 압구정 로데오 거리다. 로데오 거리는 중심부의 공동화로 인해 활력을 잃고 인근의 가로수길로 중심이 이동했다. 하지만 현재 가로수길의 중심부도 공동화 과정을 밟아나가고 있다.

"프랜차이즈 카페가 들어오면 내 상가가 무조건 뜬다"고 말하던 건물주가 있었다. 그러나 그는 상권과 입지가 좋지 않고, 그나마 사람들을 끌어모았던 것이 기존 카페 덕분임을 모르고 있었다. 시간이 흘러서 소원대로 프랜차이즈 카페가 입점했지만, 역시 기대만큼의 효과가 없었다. 뻔한 카페를 일부러 찾아올 사람은 없었기 때문이다. 시간이 더 흐르자 프랜차이즈 카페는 작은 이자카야 가게로 바뀌었다. 이후에 바뀐 그 어떤 가게들도 처음의 그 카페처럼 외부에서 사람들이 찾아오는 곳이 되지는 못했다. 이렇듯 잘못된 인식이 자기 건물의 가치와 상권의 가치를 깎아먹는 원인이 되기도 한다.

리스크를 대하는 태도와 상권의 관계

앞에서 말했듯, 강남역이 재미가 없는 것은 임대료가 높아서 다른 곳에서 이미 성공하거나 아주 인기 있는 아이템들만 자리하기 때문이다. 즉, 그곳에 입점하는 사업주는 리스크 회피형이라고 할 수 있다. 탄탄하게 확보된 유동인구를 바탕으로 안정적인 수익을 낼 수 있는, 다른 곳에서 이미 성공한 아이템과 모델을 추구하기 때문이다.

반면에 리스크 추구형 자영업자들도 있다. 이들은 유동인구도 별로 없는 곳에서 남들이 시도하지 않은 매우 독특한 아이템으로 사업을 시작한다. 처음 자리한 상점의 위치를 보면 '대체 누가 알고 찾아오는 거지?'라는 의문이 들기도 한다. 이런 곳은 임대료가 낮기 때문에 리스크 추구형 사업자들이 새로운 것을 시도하기 좋다.

리스크를 대하는 세 가지 유형

리스크 추구형

상권의 발전 측면에서 보면, 처음 상권을 만들어내는 것은 바로 리스크 추구자(risk-taker)들이다. 몇 가지 특색이 갖춰진 공간에 저렴한 임대료

리스크 감당 수준에 따른 특성

	입점 지역	자본의 규모	업종 특성	임대료 상승에 대한 태도	상권에 대한 기대
리스크 추구형	한적한 곳	소자본	실험적	반감 높음	낮음
리스크 중립형	떠오르는 지역	중자본	다소 모방적	권리금 상승 기대	상권 성장 효과 기대
리스크 회피형	번화가	중/대자본	모방적	권리금 상승 기대	상권에 의지

를 찾아 자리한 후, 그 지역과 건물의 특성을 살린 독특한 아이템과 콘셉트로 사업을 시작한다. 이들 중에는 확고한 팬을 거느린 경우도 있다. 간혹 장소가 외진 곳임에도 불구하고 오픈도 하지 않은 가게가 주목받거나, 오픈한 지 며칠 되지 않아 사람들이 몰려드는 경우가 있다. 이런 곳들이 바로 여기에 해당한다. 만약 인적 네트워크가 없었다면 시작부터 그렇게 되기는 힘들었을 것이다. 탄탄한 인적 네트워크를 가졌기에 리스크를 더 쉽게 감당하며 과감한 시도를 할 수 있는 것이다.

리스크 추구자들이 만들어낸 상권은 독특한 분위기와 새로운 아이템들이 많다. 덕분에 새롭고 차별화된 것에 충분한 가격을 지불할 용의가 있는 사람들이 모여든다. 그래서 이들이 모여드는 곳은 곧 뜨는 상권으로 발돋움하게 된다.

리스크 중립형

이제 적막했던 상권에 사람들이 모여들고 활기가 생기기 시작한다.

이에 따라 선구자들에 기대어 부수적인 효과를 얻고자 하는 사업자들이 상권에 진입한다. 이미 독특한 것을 찾는 소비자들이 유입되는데다가 아직 임대료가 크게 높지 않으므로, 상권 발달로 인한 수혜로 매출을 높일 수 있고 권리금의 상승 효과를 누릴 수 있기 때문이다. 이들을 리스크 중립자(risk-neutral)라고 하자.

리스크 중립자들이 진입하면서부터 상권의 발달이 가속화된다. 이러한 상권은 주로 다가구주택 밀집 지역인 경우가 많기 때문에, 이들의 진입은 기존 거주민들을 몰아내는 효과를 가져온다.[30] 상점과 유입인구가 더 늘어나면서 매우 유망한 상권으로 사람들의 입에 오르내리게 된다. 그리고 임대료도 점점 가파르게 오르기 시작한다.

이 단계가 되면 리스크 추구자들이 점차 이탈하기 시작한다. 애초에 그들은 낮은 임대료에서만 가능한 사업을 하는 경우가 많기 때문이다. 만약 높은 임대료를 감내할 수 있다면 사업을 좀 더 이어가겠지만, 거기에도 분명한 한계가 있다.

리스크 중립자들은 리스크 추구자들보다 좀 더 많은 자본과 덜 실험적이고 다소 모방적인 업종과 아이템을 운영하므로 높아지는 임대료를 감내할 수 있다. 또한 애초부터 상권의 성장이 가져오는 효과를 기대했기에 임대료를 좀 더 감당하고서라도 사업을 유지할 유인이 충분하다. 또한 임대료의 상승으로 인해 수익이 충분하지 않더라도, 앞으로 권리금이 크게 오를 것이라 예상하는 경우 영업을 더 붙들고 있을 유인이 된다.

리스크 회피형

상권이 이 단계를 넘어서는 경우, 리스크 회피자들이 진입하기 시작한다. 이들은 잘 발달된 상권의 풍부한 유동인구에 기대어 어디에서도 성공할 수 있는 아이템을 들여와 사업을 한다. 대부분의 프랜차이즈들이 바로 이에 해당한다. 이들이 진입하는 시기는 보통 최초의 리스크 추구자들의 계약기간이 만료되는 시점과 겹치는 경우가 많기 때문에, 더 높은 임대료를 제시하는 식으로 그 자리를 교체한다.

리스크 회피형의 사업 아이템은 아무런 흥미도 관심도 일으키지 못한다. 예를 들어 번화가라면 어디서든 쉽게 볼 수 있는 프랜차이즈 커피 전문점이 새로 생겼다 해서 새삼 이목을 끌 수 있을까? 새로운 것을 찾아서 리스크 추구자들이 만들어낸 상권을 찾아온 사람들에게는 식상함을 더할 뿐이다.

상권 침체의 진짜 주범은 누구인가

혹자는 이런 현상을 대기업 프랜차이즈 때문이라고 한다. 그래서인지 서울시는 뚝섬 일대에 프랜차이즈 빵집과 카페의 진입을 규제한 바 있다.[31] 물론 리스크 회피자들이 손대는 아이템에 대기업 프랜차이즈들이 있는 것은 사실이나, 그것을 막는다고 해서 이들의 진입을 막을 수 있는 것도 아니다.

유행을 타고 들불처럼 번져간 아이템들이 그동안 얼마나 많았는가. 이런 아이템으로 사업을 시작하는 사람도 리스크 회피자이다. 대형 프랜차이즈 대신에 이런 유행 아이템들이 길을 가득 채우고 있다고 상상해보라. 그거야말로 또 다른 흉물이 아닐 수 없다. 결국 리스크 추구자들이 만들어낸 특색으로 인해 성장한 상권에 리스크 회피자들이 범람할 경우, 이 상권은 더 이상 다른 상권에 비해 우위를 가지지 못하고 쇠퇴할 수밖에 없다.

프랜차이즈 가게의 비율이 매우 높아질 때의 또 다른 문제점은 진입장벽이다. 리스크 중립자들이 진입한 이후 권리금이 본격적으로 높아지기 시작하는데, 여기에 리스크 회피자들이 들어오면 천정부지로 치솟는다. 결국 이들이 실패하고 떠난 자리에 올 수 있는 것은 또 다른 리스크 회피자들뿐이다. 즉, 상권의 발달과 더불어 높아지는 권리금이 또 다른 진입장벽이 되어 리스크 추구자들의 진입을 제한하고, 그로 인해 쇠퇴하는 상권이 반전되기가 더욱 어려워진다.

상권 침체의 원인이 무식하게 임대료를 올리는 임대인에게만 있다고 생각하면 곤란한 이유가 바로 여기에 있다. 물론 그들에게도 원인이 있으나, 앞에서 살펴보았듯이 사업자 자체도 상권을 침체하게 만드는 원인이 되기 때문이다.

이제부터 이러한 과정에서 발생하는 젠트리피케이션에 각 이해관계자들이 얼마만큼 영향을 미치고 책임이 있는지를 알아보자.

상업지역의 젠트리피케이션 현상

 2010년대에 들어서 뉴스에서 자주 볼 수 있는 단어 중 하나가 바로 젠트리피케이션(gentrification)이다. 젠트리피케이션은 낙후된 지역이 재생, 발전하면서 중상류층이 진입하는 경향을 나타낸 말로서, 원래 주거지역의 개발 및 변화를 설명하기 위해 쓰인 말이다.

그러나 우리나라에서 젠트리피케이션은 상업지역의 변화를 설명하기 위해 사용되고 있다. 이는 우리나라 도시개발의 역사가 선진국 도시에 비해 극도로 짧기 때문이다. 가장 발달한 도시인 서울만 해도 도시개발이 1960년대 이후부터 시작하여 1970년대부터 본격화되었다. 그리고 당시의 개발지역이 50여 년이 되고, 주택의 라이프사이클이 한 바퀴를 돈 지금에 와서야 젠트리피케이션이 거론되기 시작했다. 더군다나 주거에 혁신을 부른 아파트는 대부분 1980년대 이후 본격적으로 지어지기 시작했으며, 이때의 아파트 단지는 재건축으로 새롭게 재단장해왔기에 주거지역에서는 극적인 변화가 일어날 일이 적었다.

그러나 상업지역은 매우 빠른 변화를 보이며 주요 상권들이 새롭게 탄생하고 몰락하는 모습을 보여왔다. 이 과정에서 발생하는 잡음과 문제점 때문에 젠트리피케이션이 이슈가 된 것이다.

　일반적인 인식과는 달리, 젠트리피케이션 자체는 부정적이지 않다. 낙후된 지역이 개발되지 않는다면, 노후화와 낙후화가 계속 진행되어 갈수록 위험한 곳이 될 수밖에 없다. 그런 의미에서 보자면, 젠트리피케이션은 낙후된 지역이 활기를 얻어 새롭게 부활하는 재생화 과정이라 볼 수 있다. 따라서 각지에서 벌어지는 상업지역의 발전도 낙후된 주거지역이 새로운 상업지역으로 전환되며, 도시 전체에 활기와 다양성을 제공하는 과정으로 볼 수 있다.

　젠트리피케이션은 이처럼 긍정적인 효과가 있음에도 불구하고, 우리나라에서 부정적으로 인식되는 것은 그 변화과정이 극도로 짧기 때문이다. 선진국 도시들에서 수십 년에 걸쳐 이뤄지던 변화가 우리는 10년은 고사하고 한 5년 만에 이뤄질 정도로 심각하게 빠르다.

　이런 빠른 변화의 문제점은 단기간에 노후화된 지역의 상업적 발전을 가져올 뿐만 아니라 심지어 '쇠퇴'까지 불러일으킨다는 것이다. 이러한 빠른 소모는 패자들을 양산해낸다. 이는 젠트리피케이션의 관련자인 임대인, 임차인, 부동산 중개인의 이해관계가 얽히고설켜 단기적 이해 일치와 장기적 이해 상충으로 인해 나타나는 현상이라 볼 수 있다.

임대인과 중개인의 단기적 이해 일치

일반적으로 상업 젠트리피케이션은 임대인과 임차인 간의 임대료와 임대차 계약 분쟁으로 인해 발생한다. 임대료와 계약 문제에서 이해 일치와 이해 상충의 문제를 살펴보자.

　인천의 신포동에서 임대료가 급등하는 일이 있었다. 신포동 상권은 인적이 많지 않음에도 임대료가 60% 이상 올라서 월 100~120만 원 선이 되었다. 지역 언론의 분석기사[32]에 따르면, 몇 년 사이에 유입된 부동산업자들이 수인선 신포역 개통 등을 이유로 외부 투자자들을 끌어들여 임대료를 조작해왔다고 한다. 즉, 외부 투자자를 유인하여 건물을 사게 한 뒤에 임대료를 높이고, 또 다시 다른 투자자들을 데려와서 같은 방식으로 하여 지역의 임대료 전체가 올라갔다는 것이다.

　부동산 중개업자의 부풀려진 정보를 믿고 시세보다 비싸게 구입하면, 투자자는 건물 매입 비용과 차입 비용, 그리고 목표수익률을 달성하기 위해 임대료를 올리게 된다. 자신의 비용을 임차인에게 전가하는 것이다. 이것은 투자자와 임차인의 손해로만 끝나지 않는다. 임대료가 너무 오르면 입점할 사업자가 줄어들기에 상권이 공동화 현상이 발생하며 침체하게 된다.

　그런데 임대인들은 왜 이처럼 과도한 임대료를 책정할까? 여기에는 중개인들의 수입구조도 한몫을 한다. 상가 중개수수료는 환산보증금(월 임차료×100+보증금)에 요율을 곱하는데, 이때 요율의 한계선은 0.9%이다.

　예를 들어 보증금 2,000만 원에 월세 100만 원인 상가의 중개수수료는 0.9%의 요율 적용 시 108만 원이다. 중개인의 수입이 커지려면 임대료가 높아져야 하고 계약이 자주 갱신되어야 한다. 임대료가 상승하면 임대인도 좋고 중개인도 좋다. 즉 서로 이익의 방향이 같다. 그래서 임대인은 임대료를 잘 조정해서 올려주는 중개업자를 선호하며, 중개업자도 임대인에게 임대료를 올리라고 권하게 된다. 이것은 중개인이 사악해서 벌어지는 일이 아니다. 현행 제도와 부동산 중개업의 치열한 경쟁이 불러온 것이다.

일반적으로 변화가 별로 없는 동네라면, 임대인과 중개인은 경험을 통해 어느 정도의 임대료가 적정한지를 알고 있기에 무리한 인상을 시도하지 않는다. 그런데 외부로부터의 변화로 인해 임대료가 오를 것으로 기대될 경우, 임대료를 올릴 경제적 유인이 생겨나게 된다.

신포동의 경우 (실제로는 예상 수요객에도 훨씬 못 미치는) 수인선 신포역 개통이 호재로 작용하여 시장의 기대감을 높였다. 대부분의 뜨는 상권들도 외부에서 오는 변화로 인한 기대감으로 임대료 인상 랠리가 벌어지게 된다.

실제로 한강 이북의 좀 뜰 것 같은 상권은 모두 "여기가 제2의 홍대, 상수동이 될 수 있다"고 하고, 한강 이남 지역은 하나같이 가로수길을 이야기한다. 냉정하고 합리적인 수요 판단이나 추정은 없으며, 전부 최상의 시나리오만을 이야기하며 욕구를 자극한다.

이런 상황에서는 외부에서 부동산 중개인들도 들어온다. 이들은 건물주에게 접촉하여 "지금의 임대료는 너무 싸다. 여기 입지를 봐라. 조금만 다듬으면 훨씬 더 많이 받을 수 있다"라며 높은 임대료를 제안한다. 혹은 외부 투자자들에게 이처럼 설명하며, 건물을 프리미엄을 얹어 인수한 후 리모델링이나 재건축을 하여 임대료를 높이게 독려한다. 즉, 기대감만으로 먼저 임대료를 올리는 것이다. 그 상권에 대해 제대로 이해하지 못하고 수익 극대화에 초점을 맞추는 것이다. 그래서 그 상권을 찾는 소비자들이 원하는 것과는 다른 방식으로 운영될 가능성이 높다. 이 과정에서 상권의 경쟁력과 차별성이 크게 떨어진다. 만약 인근에 유사한 상권이 있다면 대체효과가 발생하여 성장성 자체에 큰 타격을 입게 된다.

임대료의 하방 경직성

임대료는 한번 오르면 잘 떨어지지 않는 '하방 경직성'을 가지고 있다. 정상적인 수요/공급 시장이라면 임대료가 과도하게 올라서 상점들이 이탈할 때, 임대료를 다시 낮춰 조정해야 한다. 하지만 같은 지역의 임대인들은 서로 임대료를 일방적으로 낮추지 못하도록 견제한다. 한 건물이 임대료를 낮췄다는 소식이 들릴 경우, 다른 임차인들도 인하를 요구할 수 있기 때문이다.

또한 임대료는 상가 가치 평가의 핵심 요소 중 하나이므로, 임대료를 낮추면 상가 가치가 떨어질 수 있다. 그래서 상권의 위기상황에서 건물주들이 내놓을 수 있는 가장 손쉬운 해법은 임대료 동결이다.

실제로 홍대 상권의 확장으로 신촌 상권이 급격히 위축되자, 2014년 신촌 상가번영회는 임대료 동결 협약을 체결했으며, 빈 상점들이 많은 이대 정문 골목길은 5년간 임대료 동결을 외치며 젠트리피케이션을 막고 상권을 키우겠다고 나섰다. 임대료가 하락하는 경우는 건물주들이 공실을 도저히 견디다 못하는 상황일 정도로 드물다.

임대료는 이처럼 오르기는 쉽지만 내리기는 매우 어렵다. 그래서 상권과 건물 가치에 대한 과도한 기대와 과대평가는 쉽게 바뀌지 않는다. 이 상황에서 타개책은 임대료 동결기간 동안 다른 지역의 임대료가 빠르게 오름으로써 이곳이 상대적으로 저렴해지는 것이다. 앞에서 예로 든 신촌 상권이 그 예이다. 홍대 상권의 임대료가 급등하여 공동화가 가속화되자, 상대적으로 신촌 상권의 임대료가 매력 있어진 것이다. 덕분에 신촌 상권으로 약간의 재유입이 발생하며 회생 기미가 조금 보이고 있다. 신촌은 운이 좋은 셈이다.

그러나 대부분은 이런 운을 가지고 있지 못하다. 그래서 임대료가 급등한 지역은 이탈이 지속적으로 발생하며, 임대료 하방 경직성이 젠트리피케이션과 상권 침체에 기여하는 것이다. 우리나라, 특히 서울 지역의 상권들이 빠르게 성장하고 쇠퇴하는 것은 바로 이 점에서 비롯된다.

이해관계의 생태계

상권은 한 지역에 얽힌 임대인과 임차인, 중개업자의 생태계라고 할 수 있다. 외부에서 임대료 상승 요인이 발생했을때, 단기적으로는 중개업자와 임대인의 이해가 일치하여 양측이 수익을 극대화하려 하고, 장기적으로는 이것이 전체 상권에서 이해 상충 요소로 작용하기에 상권의 빠른 소모로 이어지는 것이다. 다시 한번 강조하지만, 이것은 중개인과 임대인이 사악해서가 아니라 현재의 제도와 경쟁강도가 이러한 방식으로 경제적 유인을 형성하기에 벌어지는 일이다.

주식투자자가 주식 가치를 과대평가하는 경우는 투자자만 손해를 입고 만다. 하지만 상가와 상권의 가치를 과대평가하면 그 지역의 이해관계자 모두의 침체를 부를 수밖에 없다.

  2017년에 새로 개정되긴 했지만, 상가임대차보호법은 이전까지 임대인에게 유리했다. 임차인이 상권 발달에 기여한 대가를 얻을 수 없을 뿐더러, 임대인이 그 이익을 임대료 인상을 통해 빨아들일 수 있는 구조였다. 이는 임대인과 중개인으로 하여금 이익의 사유화, 손실의 사회화가 가능하게 만든 것이나 다름없다. 이러한 점에서 이제라도 관련 제도가 보완되기 시작한 점은 다행이라 하겠다.

상권 황폐화와 권리금

 상가의 또 다른 이해관계자인 임차인은 젠트리피케이션의 피해자이기만 할까? 임차인을 단순히 희생자이자 약자로만 보는 시각은 이 현상을 절반 정도만 이해하는 것이나 다름없다. 임차인도 젠트리피케이션을 발생시키는 이해관계의 문제에서 자유롭지 못하다. 그것은 바로 권리금 때문이다.

권리금의 네 가지 유형

2014년에 개정된 상가건물임대차보호법은 권리금의 유형을 바닥권리금, 영업권리금, 시설권리금, 이익권리금으로 구분하고 있다. 그런데 각 권리금의 특성을 자세히 살펴보면 근거가 매우 희박할 뿐만 아니라 사회적으로도 바람직하지 못하다.

'바닥권리금'은 장소적 이익을 토대로 형성되는 것으로, 최초의 상가 분양 시 임대인이 임차인으로부터 받는다. 그런데 사실 장소적 이익은 이미 임대료에 반영되는 사항이다. 그렇다면 바닥권리금을 받을 것이 아니라 그것만큼 보증금과 임대료로 반영하면 될 일이다. 그럼에도 불구하고 추가로 권리금을 받는 것은 그 근거가 부실하다.

'영업권리금'도 마찬가지다. 이것은 영업 노하우와 거래처 등의 가치에 대한 권리금이다. 영업권리금은 새 임차인이 기존 임차인이 운영하던 사업 자체를 인수하고, 단골고객과의 연결고리와 영업비법을 전수받아야 인정된다. 기존 가게를 엎고 업종이나 품목이 바뀌면 인정되지 않는다.

'시설권리금'도 다를 바가 없다. 임차인이 기존 임차인이 투자한 시설과 설비를 인수하는 거래가 이뤄져야 한다. 그러나 대개는 새 임차인이 설비를 인수하지 않고 철거하거나[33] 중고시장에 판매하므로 시설권리금 또한 근거가 희박하다.

'이익권리금'은 허가권을 같이 거래하고 그에 대한 대가로 지불한다. 이 또한 기존 임차인과 새 임차인 간의 사업 연속성이 있을 때에 수긍할 수 있는 권리금이다. 그런데 대부분의 경우 이와 관련이 없다.

권리금은 이처럼 존립 근거가 희박하다. 불과 몇 년 전까지 정부가 임차인들의 권리금을 보호해주지 않았던 것은 이것을 보호할 명분이 없었기 때문이다. 근거도 없이 관습적으로 임차인들끼리 주고받는 사적 거래금을 보호할 이유를 어떻게 찾는단 말인가.

물론 사회적으로 시설 및 설비 투자가 적을 때, 권리금의 보호는 적절한 수준의 투자를 불러일으키는 효과가 있다.[34] 하지만 요즘은 얼마 안 된 시설과 설비를 금방 다시 뜯고 재설치하는 등 오히려 사회적 낭비가 이뤄지고 있는 실정이다. 권리금 보호를 반대하는 사람들이 괜히 근거 없이 그러는 것이 아니다.

권리금은 어떻게 탄생했을까

그렇다면 권리금이라는 사적 금전 거래제도가 왜 생겼을까. 여기에 대한 힌트는 과거에 극도로 취약했던 임차인에 대한 보호에서 찾을 수 있다.

예전에 우리나라는 사실상 상가 임차인에 대한 보호가 없는 것이나 다름없었다. 처음으로 제대로 된 임차인 보호를 시도한 것이 2001년에 제정된 상가건물임대차보호법(이하 상임법)이었다. 이 법안에서는 상가 임차인이 계약 갱신을 요구할 수 있는 기간을 최장 5년으로 정하여 그동안은 장사를 할 수 있도록 보호했다.

문제는 상임법을 우회하기가 매우 쉬웠다는 점이다. 보증금과 월세가 환산보증금의 기준을 넘으면 보호를 받지 못했다. 이 경우 임대인이 계약 갱신을 거부해도 막을 방법이 없었고, 임대인이 바뀌면 과거의 계약을 보장받지 못했다. 또한 대항요건이 성립해도 건물주가 재건축 등의 이유를 내세우면 쫓겨나야 했다. 2013년에서야 이런 규정이 보완되었다. 한마디로 임차인 보호가 매우 부실했다.

상권에 변동이 별로 없으면 임대인이나 임차인이나 무난하게 계약을 갱신한다. 임대인은 임차인이 자주 바뀌는 것보다는 오래 있는 것을 선호한다. 그런데 유동인구가 늘어나거나 상권에 큰 변화가 생기면 임대료를 올리거나 기존 임차인을 내보내려고 한다. 임차인의 피해는 대부분 이런 상황에서 발생했다.

어떤 사업이건, 업종에 따라 최대 매출의 한계가 있다. 그런데 임대료는 상한이 없기에 매출의 일정 수준을 넘으면 수익을 낼 수 없다. 따라서 뛰어난 사업자들은 여건이 양호한 곳 중에서 임대료가 낮고 권리금이 없거나 낮은 곳을 선택한다.

그런데 이들의 노력이 성공하더라도 그 대가를 제대로 거두기도 전에 사업의 존속을 위협받는 상황에 처할 수 있다. 상가 임대차 계약기간과 보호기간이 짧으며 제도가 임차인에게 불리하기 때문이다. 임대인이 임대료를 크게 높여 임차인이 일궈낸 유익을 독차지할 수 있는 것이다.

상권은 누구의 것인가? 상권은 상가건물로만 이뤄지지 않는다. 건물과 그곳에서 영업하는 가게가 만들어내는 것이다. 즉, 상권을 이루는 하드웨어가 건물이라면, 소프트웨어는 가게라고 할 수 있다. 그렇다면 상권의 가치가 상승했을 때 그 과실은 누구의 것인가? 건물주만의 것인가? 과연 가게의 기여가 없다고 할 수 있을까?

영업권(영업기간)을 보호받지 못하던 과거에 사업주들은 항상 언제 내몰릴지 모른다는 불안 속에서 사업을 했다. 와중에 영업을 잘해서 사람들이 몰려오더라도 임차인은 보상을 받지 못했다. 그렇다면 임차인은 어떠한 방법을 취할 수 있을까? 그것이 바로 보상을 새 임차인으로부터 받는 권리금이다.

선진국들은 장기간의 임대차 보호기간과 임대료 인상 가이드라인, 퇴거료 제도를 통해 임차 사업자들의 기여를 인정하는 한편, 그들을 상권의 한 주체로서 인정하고 있다.[35] 그러나 우리나라는 제도가 미비하기에 사업자가 스스로 기여 이익을 보장받기 위해 권리금을 주고받았다. 이것이 권리금이 근거가 희박함에도 불구하고 관행으로 자리잡았던 이유라고 볼 수 있다.

무임승차자들의 투기적 행태

모든 임차인들이 사업적 측면에서 선각자인 것은 아니다. 사업자마다 감내하려는 리스크 수준이 다르고, 그에 따라 서로 다른 업종과 입지를 선택한다. 상권을 키워내는 뛰어난 임차인들은 대부분 리스크 추구형이다. 그런데 어떤 임차인들은 상권의 활성화 과정에서 무임승차를 하여 이익을 얻으려고 한다. 사업 자체에는 열의가 별로 없고 대충하면서 '권리금 장사'를 노린다.

어떤 가게가 권리금 장사를 노리고 들어온 곳인지는 명확하게 짚어 말하기 어렵다. 그러나 다소 의심되는 곳은 어렵지 않게 찾을 수 있다. 상권을 돌아다니다 보면 정체를 알 수 없는 괴상한 가게들을 종종 볼 수 있다. 영업을 제대로 하는 것 같지도 않고, 이 자리에서 이걸로 장사가 되나 싶은 가게나 간판만 달린 가게의 경우, 대체로 그 상권의 발달에 올라타려는 무임승차자일 확률이 높다.

경리단길에 대한 연구에 따르면, 평당 권리금이 상승할 것으로 예상될수록 상권에 진입하려는 경향이 높아졌고, 과도한 임대료에도 불구하고 더 오래 영업하려는 것으로 나타났다.[36] 이것은 임대료가 너무 높아서 남는 수익이 거의 없더라도, 권리금 상승을 통한 차익을 보려는 투기적 시도로 볼 수 있다.

임차 사업자의 투기적 행태는 두 가지 측면에서 상권을 황폐하게 만든다. 첫째, 상권에 진입할 수 있는 사업자의 수는 정해져 있다. 그런데 권리금 상승을 노리는 투기적 사업자가 진입하면, 사업 그 자체에 목적을 둔 다른 이들의 진입이 막힌다. 투기적 사업자들은 사업 자체에 초점을 두지 않으므로 경쟁력이 없는 사업을 하기 마련이며, 결국 상권의 다양성을 저해하는 요소가 된다.

둘째, 투기적 사업자가 권리금을 크게 높일 경우, 새로운 아이디어를 가진 사업자가 진입하기 어려워진다. 이는 상권의 다양성을 저해하는 요인으로 작용한다. 높은 임대료와 권리금을 감당할 수 있는 것은 대형 프랜차이즈일 가능성이 높기에 상권이 단조로워지는 것이다. 단조로워진 상권은 결국 천천히 쇠퇴를 맞게 된다.

권리금이 만들어내는 문제는 이뿐만이 아니다. 권리금은 사업수익과는 다른 일종의 자본수익이다. 그래서 돈만 있다면, 자영업을 하지 말았어야 할 사람들도 사업에 뛰어들게 만든다.

불과 1년도 못 갈 유행 아이템들이 길거리에 범람하고, 매해 물갈이가 되는 근본원인 중의 하나가 권리금이다. 어차피 그런 사업들은 누구도 오래갈 것이라 생각하지 않는다. 그러다 보니 프랜차이즈 사업 설명회에서 "생각만큼 잘되지 않더라도 권리금으로 충분히 뽑습니다"라는 말을 대놓고 하는 경우도 있다. 또한 유행 아이템에 관심을 가지는 이들도 이미 권리금 상승을 고려사항으로 넣는 경우가 많다.

권리금 차익을 노리는 사람이 많아질수록, 정작 상품과 서비스 자체에는 신경쓰지 않는 사업자들이 늘어날 수밖에 없다. 상권은 이런 가게들이 많아질수록 다양성과 특색이 없어지며, 그곳을 방문한 사람들이 이탈하게 되고 저부가가치 서비스의 격전지가 된다. 바로 이런 무임승차자들이 젠트리피케이션과 상권의 황폐화를 만드는 또 하나의 주범이다.

권리금이 없어진다면

권리금이 없는 사회를 생각해보자. 권리금 회수로 전전긍긍하지 않아도 되고, 무임승차자들이 능력 있는 사업자들을 쫓아내고 상권을 별 볼 일 없는 곳으로 만드는 것을 막을 수 있다. 또한 사업으로 수익을 거둘 수 있다고 확신하는 사람만이 자영업에 뛰어들어 시작할 것이다. 이처럼 소비시장과 자영업에서 발생하는 문제의 상당부분은 권리금에게 책임을 물을 수 있다. 권리금이 장기적으로 없어져야 하는 이유가 여기에 있다.

정리하면, 선진국들은 임차인들의 기여분을 안정적인 임대료와 영업기간으로 보장한다. 반면 우리나라는 이러한 기여를 인정하지 않고 건물주의 재산권에 좀 더 초점을 맞췄기에 상가 임차인들은 영업수익보다 권리금으로 이를 보장받으려고 했다. 이에 따라 심지어 권리금 장사가 목적인 무임승차자들이 생겼을 정도이다.

임차인에 대한 보호는 점차 강화되고 있다. 2015년 상임법 개정안부터는 권리금 보호를 담고 있으며, 이제 계약갱신 청구권 보호기간도 5년에서 10년으로 연장되었다. 이는 매우 큰 발전이다. 여전히 보완해야 할 부분이 있지만, 적어도 장기적인 영업을 할 수 있는 기반이 탄생했다는 점에서 충분히 긍정적이다. 우리도 선진국의 상가임대차보호법에 크게 뒤지지 않는 제도를 가지게 된 것이다.

그렇다면 이제부터라도 자기파괴적인 권리금을 점진적으로 포기해야 하지 않을까? 제도가 미비했던 시절에는 권리금이 임차인과 자영업자들의 권리이자 이익이었지만, 제도가 충분할 때는 오히려 스스로의 목을 죄는 올가미가 될 수 있다. 권리금은 보호해야 할 것이 아니며 시간이 지날수록 악습으로 자리잡을 것이다. 더 늦기 전에 스스로 오랜 악습을 점진적으로 줄여나가도록 유도해야 할 것이다.

자영업자와 임차인들은 이제까지 스스로를 약자라고 해왔다. 그런데 한편으로는 권리금으로 서로를 착취했다. 이런 경우 단순히 약자라고만 보기는 어렵다.

상가 임차인을 젠트리피케이션의 희생자로만 보는 시각은 현실을 절반만 이해하는 것이다. 모든 임차인은 희생자이자 가해자이며 촉진자이다. 어느 한쪽을 악마화하고, 다른 한쪽을 일방적인 희생자로 보면 현실을 왜곡하게 된다. 현실은 양극단의 가운데에 있으며, 자세히 들여다보면 대부분 각 경제주체가 그렇게 움직일 수밖에 없도록 유인이 형성되어 있다. 젠트리피케이션도 그러한 시각에서 볼 수 있다. 경제적 유인을 바꾸지 못한다면, 이러한 현상은 누가 그 상황이 되더라도 계속 벌어질 수밖에 없을 것이다.

'어쩌다 자영업자'가 되는 사람들

Part 8

우리 동네 치킨집 사장님은 무슨 일을 했을까
자영업 문제는 일자리 문제
금융 접근성의 상실
늘어난 노동시간과 줄어든 소비여력
노오력은 통하지 않는다
이러나 저러나 대리인 문제
과도한 낙관에 빠진 투기자들
나이 든 사람이 사업을 시작하면 쉽게 망하는 이유

우리 동네 치킨집 사장님은
무슨 일을 했을까

출퇴근길에 지나치는 가게가 몇 개인지 세어본 적이 있는가? 아마 막연히 생각했던 것보다 훨씬 많다는 것을 알고 놀랄 것이다. 그런 가게들의 거의 대부분은 업주가 스스로를 고용한 형태로 운영된다. 이것을 '자영업'이라고 한다. 자영업은 매우 보편화되고 일반적인 고용형태이다. 이것은 통계로도 확인할 수 있다. 2015년 전체 취업자 대비 자영업자의 비율은 21.2%이며, 무급 가족 종사자까지 포함할 경우 25.5%에 달한다. 즉, 전체 취업자 4명 중 1명은 자영업에 종사하는 셈이다.

그럼에도 불구하고, 대부분의 사람들은 자영업을 '나와는 관계 없는 일'로 여기며 살아간다. 특히 젊은 사람들에게는 너무 멀게 느껴지는 막연한 이야기에 불과하다. 흔히 "전공을 문과로 택하든 이과로 택하든, 최종적으로는 모두가 치킨집을 차린다"는 농담을 한다. 나와는 큰 상관이 없다고 생각하기에 농담이지, 정말 피부로 체감하는 사람이라면 매우 심각하게 다가올 것이다.

출퇴근길에 지나치는 수많은 가게의 사장님들이 그 전에 무슨 일을 했을까? 적어도 대다수는 사회생활을 시작하면서부터 그 일을 하지는 않았을 것이다. 처음부터 자영업을 시작한 사람은 극소수에 불과하고, 대부분은 다른 일을 일하다가 꿈, 혹은 개인적인 사정으로 인해 사업을 시작하게 된다.

흔히 "아무런 준비 없이 사업을 시작해서는 안 된다"고 한다. 옳은 말이지만, 그걸 모르고 시작하는 사람이 있겠는가. 단지 상황이 갑자기 닥쳤기에 준비할 시간이 없었던 것이다. 대부분의 직장인들은 약간의 불안감은 있지만, 현재 상황이 지속될 것이라는 막연한 기대를 가지고 산다. 그러나 동네의 치킨집 김사장님이라고 자신이 매일 닭고기를 튀기게 될 것이라고 예상이나 했을까? 예상했다면, 그 일을 시작하기 얼마 전에 알았을까?

일반적인 인식과 달리, 우리나라의 자영업자 비율은 꾸준히 감소 추세지만 여전히 꽤 높은 수준이다. 또한 준비 없는 창업을 하는 경우가 많다. 이러한 현상을 단순히 개인의 문제로 치부할 수 있을까?

준비 없는 창업이 매우 위험하다는 것은 익히 알려진 사실이다. 그것은 준비 없는 창업자 자신들도 알고 있다. 그런데 왜 그들은 그런 선택을 할까? 그것은 시간에 쫓기기 때문이다. 시간에 쫓기면 비합리적이고 잘못된 결정을 내릴 확률이 높다. 뭐라도 시작해야 하는 상황에서 급하게 결정을 내리다보니 준비가 턱없이 부족할 수밖에 없었던 것이다.

인사 구조가 원인

그런데 왜 이렇게 조급하게 시작할까? 이것은 기업들의 인사와 조직구조에서 힌트를 얻을 수 있다. 업종과 개인에 따라 다르지만, 보통 우리나라 사람들은 20대 중후반에 취직해서 30대까지는 현업에서 매우 치열하게 업무를 한다. 이직 제안이 잘 들어오는 것도 바로 이 시기다. 그런데 빠르면 30대 후반, 보통은 40대 초중반부터 관리자로 바뀌게 된다. 대부분 실무에서 한발 물러서기에 업무감각을 잃어버린다. 심한 경우 실무를 아예 손도 못 대는 수준으로 후퇴한다. 직장인들이 비교적 빠른 시기에 실무에서 손을 떼는 것을 감안하면, 40대를 넘어서면서 개인으로서의 경쟁력을 잃어가는 셈이다.

게다가 보통 관리자의 임금이 실무자보다 높다. 이는 기업의 임금체계도 한 원인이다. 100인 이상 사업장의 연봉제 도입률은 74.5%로 매우 높다. 하지만 엄밀하게 따지면, 우리 기업들이 운영 중인 연봉제가 호봉제와 명확한 차이가 있다고 하기는 어렵다. 실제로는 호봉제에 성과 평가를 더한 형태에 가깝다. 또한 등급을 업무성과가 아니라 입사순서나 연령, 결혼 유무 등에 따라 배정하기도 한다. 이런 일이 작은 구멍가게도 아닌, 우리나라를 대표하는 몇몇 대기업에서 벌어지고 있으니, 연봉제만 도입하면 미국처럼 돌아갈 것이라 예상한 사람들이 미처 예상치 못한 문제일 것이다.

40대가 되면 경쟁력을 점점 잃어가는데다가 임금까지 높으니, 지금 다니는 회사 외에는 대안이 사라진다. 만약 혼자라면 저임금 일자리라도 상관없을 것이다. 그러나 자녀가 장성하지 못했다면 들어가야 할 돈이 많고 앞으로 살아갈 날도 많다. 그렇다고 투자를 통해서 현금흐름을 만들기에도 부족하다. 충분한 자산을 모아두었다면 좋겠지만 이런 사람은 극소수에 불과하다. 그러다 보니 갑작스럽게 회사를 나오게 되면, 그때까지 생각해보지 않았던 자영업 창업의 길에 준비 없이 뛰어드는 것이다.

실제로 전체 자영업자 중에서 50대 이상이 절반 이상이지만, 신규 자영업 진입자를 보면 30, 40대가 주류이다. 현대경제연구원에 따르면, 신규 자영업자 중에서 임금 고용자에서 자영업자로 전환한 사람이 절반을 차지한다. 그런데 이들 중 60% 이상이 30, 40대이며 50대 이상은 약 25%에 불과하다.[37] 현재 자영업자 중에서 50대 이상은 57.1%에 달하는데도 말이다.

연령별 자영업자 현황　　　　　　　　단위: % | 기준: 2013년 | 자료: 통계청

29세 이하	30대	40대	50대	60대 이상
2.9%	13.9%	26.1%	31.1%	26%

경기변동과 자영업 이행에 관한 연구를 살펴보면 이런 현상이 좀 더 명확하게 드러난다. 특히 주목할 부분은 40대의 자영업 진입에 관한 것이다. 40대 진입자들은 경기불황 등으로 취업의 기회가 제한될 때 자영업으로 밀려나는 특성이 있다.[38]

누구든 언젠가는 회사를 나가야 할 시기가 온다. 다만 현재를 살고 있는 우리로서는 그 시기가 언제일지 알 수 없다. 게다가 초혼과 초산 연령이 갈수록 높아지고 이에 따라 자녀의 독립 시기도 늦어지고 있다. 우리는 과거 세대보다 더 늦은 나이까지 소득원을 확보해야 한다.

2000년대부터 불어닥친 재테크 열풍도 이러한 관점에서 볼 수 있다. 확실한 소득원이 있을 때 금융 및 실물자산을 쌓아두어 또 다른 소득원을 확보하려는 것이다. 그런데 충분한 자산을 쌓기 전에 현업에서 떠나야 할 경우, 괜찮은 일자리를 구한다면 다행이지만, 그러지 못한다면 결국 일할 자리는 내가 만들어야 한다. 그것이 자영업이다.

지금 당장 무언가를 하지 않더라도 조금씩 관심을 가져두면 혹시라도 생길 수 있는 문제에 좀 더 여유롭게 대처할 수 있다. 이런 생각을 한번이라도 해본 적이 없다면 어느새 '준비 없는 자영 창업자'의 일원이 될 것이다.

자영업 문제는 일자리 문제

세상에서 돈을 버는 방법은 크게 사업, 노동, 투자 세 가지이다. 대부분의 직장인들은 노동으로 돈을 번다. 그러나 우리는 1990년대 이전 같은 종신고용이 어려운 시대를 살고 있다. 그래서 누구나 고용이나 계약을 통한 노동을 하기 힘든 순간이 온다. 이 경우 남은 선택은 사업과 투자이다.

현재 각계에서 정년 연장이 논의되고 있다. 그러나 전체 임직원 중 정년까지 다니는 사람이 얼마나 되겠는가? 안정적인 평생직장이란 것이 과연 존재나 할까? 안정적인 직장 중 하나인 은행도 그 안정성이 점점 흔들리고 있다.

은행은 이미 오래전부터 지점에서 하던 주요 업무를 인터넷으로 처리하도록 함으로써 고객들의 은행 방문을 줄이고, 수익성이 낮은 동전 교환이나 지로납부 등은 기계로 하며 지점을 통폐합하여 줄이고 있다. 시티은행은 2012년 지점이 219개였는데, 2017년 현재 25개만 남겨둔 상태다. KEB하나은행도 지점의 대형화, 복합화 전략으로 매년 50개씩 줄여나갈 계획이라고 한다.[39] 직원 감축 계획은 없다고 밝혔지만, 지점 통폐합으로 생긴 유휴인력을 모두 흡수하기는 어려울 것으로 보인다. 다른 은행들도 마찬가지다. 정치권에서는 지점 통폐합을 법적으로 규제하려는 움직임도 있으나, 엄연히 사기업인 은행의 수익성을 저해하는 조치라 막을 수 없을 것이다. 단 10년 만에 은행원의 안정성도 예전 같지 않게 변한 것이다. 그렇다면 10년 후에는 어떻게 될까?

일자리 부족의 영향

인간의 노동이 생산에서 차지하는 비중이 갈수록 줄어들고 있다. 물론 기술이 발전함에 따라서 새로운 일자리들도 생길 것이다. 하지만 그 일자리들이 기술발전으로 인해 밀려난 사람들의 것이 되리라 기대하긴 어렵다. 경제학에서 말하는 '구조적 실업'이 이것이다.

　1995년에는 기대수명이 73.81세였지만, 20년 후인 2015년에는 82.06세로 8.25년 증가했다. 정년이 보장되지 않고 기술변화가 워낙 빨라서 내가 가진 노동의 가치를 유지할 수 있는 기간도 짧아지는 추세이다. 그런데 수명은 늘어나고 있으니 지금 일을 하는 사람이라도 미래를 걱정하지 않을 수 없다.

　만약 자산을 충분히 모았다면 투자를 통해서 소득을 창출할 수도 있을 것이다. 충분한 자산은 심리적으로 노동을 좀 더 편하고 즐겁게 만들어주며, 설혹 일자리를 잃더라도 삶의 충격을 줄여주는 범퍼 역할을 한다. 게다가 거기에서 발생한 현금흐름으로 생활할 수 있게 만들어준다. 그런데 생활에 충분한 현금흐름을 만들려면 자산이 매우 많이 필요하다는 게 문제다.

　2016년 국민연금의 투자수익률은 4.75%인데, 개인의 연평균 투자

수익률이 이를 넘기는 쉽지 않다. 만약 투자자산이 10억 원이고 수익률이 4.75%라면 연 4,750만 원의 수익을 얻게 된다(세금 제외). 그러나 퇴직까지 10억 원이란 자산을 모을 수 있는 사람이 얼마나 될까? 그래서 퇴직 후 일자리를 구하지 못하면 자신의 노동력을 투입하여 사업소득으로 현금흐름을 만들려고 자영업에 뛰어드는 것이다.

결국 일자리가 부족한 사회구조가 자영업자들을 양산한 것이다. 그런 점에서 고용문제를 창업으로 해결하고자 했던 지난 박근혜 정부의 정책은 처음부터 완전히 잘못된 것이다. 만약 일자리가 충분하다면 퇴직 후에 사업을 시작하는 사람들이 그만큼 줄어들 것이다. 따라서 자영업 문제는 곧 일자리 문제로 볼 수 있다. 자영업자 비율이 꾸준히 감소 추세임에도 불구하고, 신규 자영업자의 수가 여전히 제법 많다는 것은 이들이 갈 일자리가 부족하다는 뜻이다.

영세 자영업자의 문제를 해결할 방법은 일자리 문제의 해결밖에 없다. 사업체가 영세 규모에 머무르지 않고 기업으로 성장할 수 있어야 한다. 영세업체 보호가 정책목표가 되어서는 안 되는 이유다. 이 문제가 해결되지 않는다면 앞으로도 수많은 사람들이 본의, 혹은 타의로 준비 없이 자영업을 시작하게 될 것이다.

금융 접근성의 상실

많은 직장인들이 '회사 바깥은 지옥'이라고 한다. 그러나 정작 바깥을 잘 알지는 못한다. 회사 안에서 보이는 바깥세상은 그야말로 집 안에서 창문을 통해 내다본 세상이다. 이 점이 명확하게 드러나는 부분이 바로 정규직 종사자들이 누리고 있는 특혜에 대한 인식이다.

만약 당신이 정규직 종사자라면, 그로서 누리는 특혜가 어떤 것인지 생각해보자. 이 질문에 대부분 "나는 어떠한 특혜도 누리지 않는다"라고 답한다. 대기업에 근무 중인 친구들도 비슷한 대답을 했다. 그런데 그들이 너무도 당연하게 생각하는 정규직의 최대 특혜는 높은 연봉도 안정성도 아닌, 바로 금융 접근성이다.

은행이 우리에게 가르쳐주는 것

은행은 대출대상을 지급능력으로 분류한다. 대기업 정규직은 지급능력이 좋기에 재직 증빙만 되면 요구 서류도 복잡하지 않고, 저금리로 대출을 수월하고 빠르게 해준다. 비정규직은 신용한도가 매우 낮다. 자영업자도 마찬가지다. 매출의 변동성을 감안해서 신용한도를 매우 보수적으로 잡는다.

　주요 기업의 정규직으로만 종사해온 사람들은 이런 특혜를 잘 모른다. 이것을 혜택으로 보기보다는 당연히 누려야 할 것으로 생각한다. 그러나 직장 타이틀 없이 소득으로만 신용대출을 받는 경우와 대기업 정규직으로서 받는 경우의 차이를 알게 된다면, 그것이 어마어마한 혜택이란 것에 수긍할 것이다. 특히 대기업 재직증명서가 첨부되면 대출협약이 맺어진 은행은 더 높은 대출한도와 더 낮은 금리를 제공한다. 이때 은행은 당신이 아니라 직장을 보고 빌려주는 것이다.

　생각보다 많은 직장인들이 착각하는 것이지만, 임금과 직장이 곧 그들의 능력에 대한 보증수표는 아니다. 직장인들은 스스로를 조직의 '톱니바퀴'라고도 하는데, 시스템을 갖춘 기업의 직장인이란 특성을 매우 명확하게 보여주는 말이다.

　기업은 나름의 시스템으로 운영된다. 비록 형편없어서 덜덜거릴지언정, 어떻게든 돌아가게 만드는 것이 바로 시스템의 힘이다. 시스템에는 포지션에 따라 각자의 역할을 할 최적의 인물들이 필요하다. 이것이 이런 기업이 직원들에게 높은 임금과 복지제도를 주는 이유이며, 은행이 대출자를 보는 시각이다.

　당신이 마이클 조던처럼 압도적인 개인 브랜드로 수익을 낸다면, 은행도 당신을 달리 볼 것이다. 그러나 대부분은 직장에 소속된 개인에 불과하기에, 당신 자체보다 당신의 지급능력을 좌우하는 배후를 보고 신용을 평가한다. 따라서 직장을 다닌다는 것은 그 직장의 권위에 기대어 생활할 수 있다는 의미다. 심지어 직장의 위상과 직위가 없다면 인적 네트워크와 인적 자산도 확보하기가 매우 어렵다. 그래서 직장을 그만둘 경우 그동안 기업이 보증하던 금융 접근성을 상실하게 되는 것이다.

나는 첫 직장생활을 은행에서 시작했다. 대출업무를 하던 당시, 아파트 담보대출 금리는 평균 약 4.5%, 신용대출 금리는 약 10% 선이었다. 하지만 잘나가는 대기업의 경우 1년차 사원부터 5~6%대의 낮은 금리로 연봉에 준하는 금액을 신용대출로 빌려줄 수 있었다. 반면 소기업 직원은 한도 500만 원, 금리는 12% 이하로 떨어지지 않았다. 그래도 이 사람은 그나마 나은 편이었다. 어떤 사람은 아예 한도 자체가 나오지 않기 때문이다. 그런 점에서 보자면, 제2금융권, 제3금융권, 더 나아가서는 2016년부터 커지기 시작한 중금리 대출에 대한 비난은, 정직원이란 선택을 받은 자들의 굉장히 나태한 시각이다. 저금리에 큰 한도로 돈을 빌릴 수 있는 사람은 전체 노동자 중 일부에 불과하다. 나머지는 제1금융권에서 큰 금액을 빌리지 못한다.

특히 자영업자에게는 매출이 곤두박질치는 시기가 있다. 이들은 그 충격을 흡수할 수 있는 넉넉한 잔고가 필요하므로 결국 제2, 3금융권이라도 이용할 수밖에 없다. 그렇다고 은행을 비난할 수도 없다. 은행이 공공성을 띠는 것은 사실이나 엄연히 사기업이지, 공공기관도 자선기관도 아니기 때문이다.

늘어난 노동시간과
줄어든 소비여력

　　　　　　우리나라의 노동시간 통계에 관한 기사가 나올 때마다 댓글에 노동환경 및 기업문화에 대한 성토가 쏟아진다. 실제로 OECD의 연간 노동시간 통계를 보면, 우리나라는 멕시코, 그리스 등과 함께 항상 최상위권에 위치한다. 그런데 흥미롭게도 상위권 국가 중 다수가 자영업자 비율에서도 상위권에 속한다. 살펴보면 그 나라가 그 나라다.

　실제로 연구보고서에 따르면, 주 48시간 이상 일하는 장시간 노동자

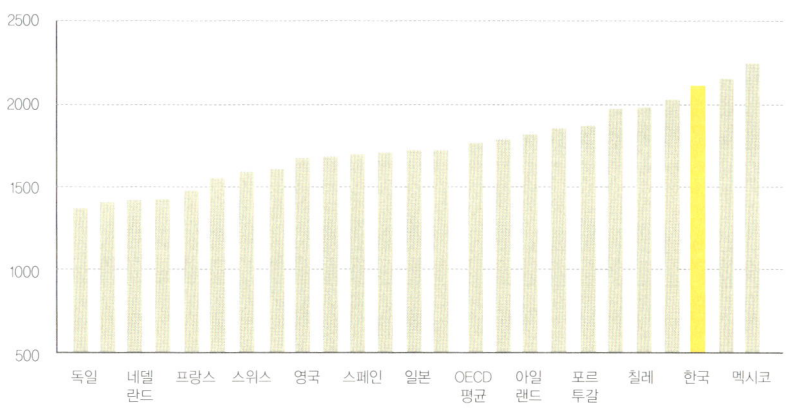

2015년 OECD 주요국들의 1인당 연간 노동시간　　단위: 시간 | 자료: OECD

의 비율은 종업원이 있는 자영업자가 54%, 종업원이 없는 자영업자는 43%, 그리고 임금 노동자는 11%이다.[40] 즉, 우리나라의 긴 노동시간은 사실 자영업자가 상당 지분을 차지하고 있다.

주변 식당들의 영업시간을 살펴보면 대충 그림이 그려질 것이다. 보통은 영업시간만 10~12시간이며, 영업준비 시간까지 포함할 경우 더 길어진다. 또한 직장인은 주 5일제이고 특별한 경우에만 주말 특근을 하지만, 대부분의 식당은 주말 영업은 기본이며, 주중에 하루 정도 쉬거나 연중무휴인 곳도 있다. 게다가 직장인은 (제대로 지켜지지 않아서 그렇지) 휴일 특근수당이 있지만, 자영업자는 남들 쉬는 날에 일한다고 시간당 매출이 늘어나는 것도 아니다.

자영업자가 되는 순간 주변의 시선도 달라진다. 앞서 말했듯, 은행의 눈초리부터 달라진다. 대기업이나 외국계 기업의 높은 직급일 때는 그 기업의 위상이 그대로 투영되어 대접받지만, 뒷배경이 없어지는 순간 이런 대접은 사라진다.

은행만 그런 것이 아니다. 이름만 들어도 알 만한 회사의 명함을 내밀 때와 자영업자의 명함을 내밀 때, 사람들이 보이는 반응은 다르다. 특히 전 직장과 그때의 지위를 알고 있는 사람들이 '어쩌다가…'라는 눈빛을 은연중에 드러내는 것을 보게 될 것이다.

또한 수입이 변동성에 의해 요동치는 것을 경험하게 된다. 이것은 삶과 생활의 질을 크게 위축시킬 수 있는 요소이다. '앞으로 얼마를 벌 수 있을지' 전망이 명확한 것과 불확실한 것은 큰 차이가 있다. 예를 들어 월 실수입이 평균 300만 원인 직장인의 경우 그 안에서 지출의 수준이 정해진다. 하지만 자영업자는 월 실수입이 평균 300만 원이라도 변동폭이 위아래로 100만 원에 달하면, 지출계획을 직장인보다 더 보수적으로 짠다. 평균 수입은 같지만, 수입 변동에 대비해야 하므로 쓸 수 있는 여유가 더 작기 때문이다.

일반적으로 자영업의 월 매출은 계절, 이벤트, 사건 등 다양한 요인에 의해 들쭉날쭉한 경향을 보인다. 계절요인은 업종에 따라 다르다. 팥빙수를 파는 가게는 여름 매출이 겨울보다 월등히 높을 것이고, 옷가게는 매출의 계절 변동폭이 팥빙수 가게보다 적을 것이다. 약국은 계절이 바뀌는 시기에 더 많은 사람들이 몰릴 것이다. 이런 계절 변동요인은 영업을 길게 하다 보면 어느 수준에 수렴하여 예측할 수 있는 범위로 들어오기에 큰 문제가 없다.

정말 큰 문제는 바로 사건과 이벤트이다. 자영업을 시작하는 순간 수많은 사건과 이벤트를 마주하게 된다. 치킨집이나 고기집은 AI나 구제역 같은 가축 전염병이 돌면 큰 타격을 받는다. 예측할 수 없는 사건이자 딱히 대처할 수도 없는 사고이다.

미디어에서 큰 사고를 치는 경우도 있다. 〈먹거리 X파일〉이 대표적인 예로, MSG 사태나 대왕 카스텔라 사태처럼 별 문제 없는 첨가물을 문제가 있다는 식으로 보도하면서 매출이 크게 하락한다. 프랜차이즈의 경우 본사가 문제를 일으키기도 한다. 남양유업은 이미 카세인나트륨 마케팅으로 여론의 질타를 받은 상태에서, 밀어내기 관행과 여직원들에 대한 처우가 알려지면서 불매운동이 일어났다. 매출이 크게 떨어졌으며 대리점주들도 큰 손실을 보았다.

그외에도 본사 오너의 사회적 물의나 비윤리적 경영이 이슈가 되면서 가맹점들이 타격을 입은 경우도 많다. 이러한 사고들은 미리 알 수도 없고 예측할 수도 없다. 그뿐만 아니라 국제 유가 급등 등 비용 상승으로 이어지는 이벤트와 사고들도 많다. 이는 자영업자의 순수익의 변동성을 더욱 키운다.

수입의 변동성에 대처하기 위해서는 그만큼 소비여력을 줄일 수밖에 없다. 월 평균 수입이 회사원 시절과 비슷하더라도 말이다. 게다가 그때보다 수입이 줄어든다면 소비여력은 더 크게 하락할 것이다. 실제로 KB경영연구소의 2012년 연구에 따르면, 창업 후 자영업자의 소득이 전보다 평균 16.2% 하락했다. 여기에 변동성까지 감안하면 하락분은 그것을 훨씬 넘어설 것이다.

노오력은 통하지 않는다

 2015년부터 현 시대를 관통하는 표현 중 하나가 된 '노오력'은 원래 디시인사이드의 주식갤러리에서 열심히 살아가는 사람을 비하하는 용어로 쓰였다. 그러나 사회구조적인 문제는 외면한 채, 치열한 경쟁과 그것에서 탈락한 개인에게 책임을 묻는 풍조에 지친 사람들에 의해, 이 표현은 일종의 저항적 의미로 자리잡게 된다. 주로 청년들이 이른바 꼰대들에 대한 비판과 조롱으로 사용하는 경향이 있다.

기성세대의 주장처럼 노력이 모든 것을 결정한다면, 주로 그들이 몸담고 있는 자영업의 처참한 실패를 어떻게 설명할 수 있을까. 높은 폐업률이야말로 노력 부족이 현격하게 드러나는 단면이기 때문이다.

자영업이야말로 노력의 배신이 잘 드러나는 곳이다. 자영업자들은 직장인들보다 주당 평균 4.7시간을 더 일한다. 특히 도소매 및 음식숙박업은 평균보다 14.9시간을 더 일한다.[41] 그렇게 더 일하고도 소득은 임금 노동자에 비해 낮다. 더군다나 5년 내 폐업률도 매우 높다. 노력이 그토록 대단한 것이라면, 더 열심히 일함에도 불구하고 돈은 더 적게 벌고, 스스로 만든 일자리마저 잃어버리기 쉬운 이 상황을 어떻게 설명할 수 있을까.

일부 성공한 이들이 주장하는 노력 만능론은 '그럴 듯한 이야기'일 뿐이다. 이러한 노력론에는 언제나 위험을 감수한 도전과 절박함을 이겨낸 승리가 담겨 있다. 그렇기에 기성세대가 청년세대에게 하는 질타도 "절박함이 없다", "도전하지 않는다"와 같은 비난에 초점이 맞추어져 있다.

그러나 성공 스토리가 얼마나 멋지고 감동적인 요소가 많은가와, 그것이 실제로 맞느냐는 전혀 별개의 문제다. 40, 50대가 직장생활을 그만두고 자영업을 시작하는 것은 대단한 도전이다. 그런데 이들이 절박함을 가지고 많은 노력과 시간을 투자함에도 현실은 처참할 지경이다.

3장에서 말한 것처럼, 성공 스토리가 밝히는 성공 요인은 진짜 요인이 아니다. 월급쟁이로 살 때는 그런 스토리에 감화를 받고, 그것을 팔고 다니는 선지자들의 말에 귀를 기울여도 별 문제가 없다. 그러나 모든 책임을 스스로 짊어져야 하는 자영업자라면, 그런 이야기에 귀를 기울일 바에야 그리스·로마 신화를 읽는 것이 나을 것이다.

절박함을 뒤집는 것은 스토리로서는 매우 매력적이지만, 현실은 그렇게 돌아가지 않는다. 오히려 절박함이 사업을 망치는 경우가 매우 흔하다. 애덤 그랜트의 『오리지널스』에서는 이와 관련된 조지프 라피와 지에 펭의 흥미로운 연구를 소개하고 있다.

"창업할 때 다니던 직장을 계속 다니는 게 나을까, 아니면 그만두는 게 나을까?" 그들은 1994년부터 2008년까지 기업가가 된 20대, 30대, 40

대, 50대 사람들로 구성된, 전국적으로 대표성 있는 집단 5,000명을 추적했다. (중략) 이 조사에 따르면, 창업에 전념한 사람들은 대단한 자신감을 지닌 위험 감수자들인 것으로 나타났다. 직장을 계속 다니면서 창업을 함으로써 실패에 대비한 기업가들의 경우는 훨씬 위험 회피적이었고, 스스로에게 확신이 없었다. ― 애덤 그랜트, 『오리지널스』 44~45쪽

이 두 그룹의 창업 성과는 어떤 차이가 났을까? 전자는 자신과 자신의 사업에 강한 믿음을 가지고 있고, 후자는 스스로에 대한 확신조차 없는 사람들이다. 당연히 더 열성적이고 더 과감하게 승부한 전자 쪽이 낫지 않았을까? 하지만 이 연구 결과는 정반대였다. 직장을 계속 다닌 창업가들이 실패할 확률은 직장을 그만둔 창업가들이 실패할 확률보다 33퍼센트 낮았다. ― 애덤 그랜트, 『오리지널스』 44쪽

일반적으로 많은 힐링 스토리들은 "자기 자신을 믿어라"고 한다. 당신은 매우 특별한 사람이고, 반드시 해낼 수 있다는 것을 믿으라며 정신적인 부분을 강조한다. 물론 이러한 접근이 정신적으로 지친 사람들에게 용기를 북돋아주고 힘을 주는 것은 사실이다. 하지만 그것은 개인의 내면에서 끝나야 할 일이다. 현실은 매우 차갑고 냉정해서 그러한 말랑한 사고로는 살아남기 힘들다. 위험을 회피하고 사업에 대한 의구심이 많을수록 끝까지 살아남을 가능성이 높다.

실제로 많은 성공 스토리 중에서 절박해서 성공한 경우가 별로 없다. 창고 창업의 전설이자 신화인 애플은 아무것도 없이 창고에서 그냥

시작한 것이 아니다. 스티브 워즈니악이 HP(휴렛팩커드)라는 매우 탄탄하고 안정적인 회사를 다니면서 만든 것이다. 그가 스티브 잡스와 함께 애플을 창업한 것은 1976년이지만, 1977년까지는 계속 HP의 엔지니어로서 일하면서 사업을 발전시켜 나갔다.

나이키의 공동 창업자인 필 나이트도 1964년부터 자동차에 자신이 만든 러닝슈즈를 싣고 다니며 판매했지만, 본업인 회계사 일을 1969년까지 했다. 20세기 가장 위대한 극작가이자 시인 중 한 명인 T. S. 엘리엇은 대표작인 『황무지』를 발표하고도 몇 년간 안정적인 은행원 일을 그만두지 않았다.

이것이 해외 사례라서 별로 와닿지 않는다면, 포털 1위인 네이버를 보면 된다. 그들은 1997년 삼성SDS 사내 벤처로 시작했는데, 1999년에 독립하며 본격적으로 길을 열기 시작했다. 창업자들이 처음부터 퇴사하고 시작한 것이 아니다.

이러한 사례들은 자영업과는 어울리지 않는다고 생각할 수도 있다. 그러나 핵심은 위험을 최소화하는 것이 실패를 줄여주고 더 오래 살아남을 확률을 높일 수 있다는 것이다. '어쩌다 자영업자'들은 대부분 이러한 큰 변화에 대해 꿈도 꾸지 않고 있거나, 지나치게 긍정적으로 전망하여 실패할 확률이 매우 높다.

노력의 배신을 이해하고 절박한 상황에 이르지 않도록 해야 한다. 역전극이 짜릿한 이유는 그것이 벌어질 가능성이 매우 낮기 때문이다. 그런 의미에서 노력과 절박함이 성공을 가져다줄 것이라는 믿음은, 10년 전에 크게 유행한 어떤 책에 나온 "간절히 바라면 온 우주가 그것이 이뤄지게 도와준다"는 말과 크게 다를 바 없다.

많은 사업자들이 자영업을 시작하여 금방 망하는 것은 쫓기는 상황에 몰렸기 때문이다. 그런 상황에서는 냉정한 판단을 하지 못하고 기다릴 수 없기 때문에 잘못된 선택을 하기 쉽다.

앞서 소개한 대단한 기업가들조차도 안정적인 상황에서 아이디어를 내고 사업을 시작했다. 그들보다 더 나쁜 환경에서 급하게 시작한 사업이 잘되기를 기대하는 것이 얼마나 허무맹랑한 일인지 감이 잡힐 것이다. '어쩌다 자영업자'들이 쉽게 폐업을 할 수밖에 없는 이유이다.

이러나 저러나 대리인 문제

    요즘은 창업의 위험성을 알고들 있기 때문에, 많은 관련 서적들은 본업을 둔 채 사업을 구상하여 시작하라고 권한다. 과거에 비해 실패할 가능성이 적은 길을 권하고 있다는 점에서 긍정적이다.

자영업을 부업으로 시작하는 경우는 확실히 장점이 많다. 패트릭 맥기니스의 『나는 직장에 다니면서 12개의 사업을 시작했다』를 보면 그것이 잘 소개되어 있다. 안정적인 수입원이 있기에 무리수를 둘 확률이 적고, 아이디어에 대해 좀 더 깊이 고민하고 분석할 수 있다. 또한 대출도 전업 자영업자에 비해 유리하게 받을 수 있고, 본업에서 많은 인적 네트워크를 형성해왔다면 그 영향력을 바탕으로 도움을 주고받기도 쉽다.

그러나 본업을 유지하며 자영업을 생각하고 있다면, 실행과정에서 만만치 않은 어려움을 겪을 가능성이 높다. 가장 큰 문제가 '대리인 문제'이다. 이것은 '주인-대리인 문제(principal-agent problem)'라고 하는데, 1976년 마이클 젠센과 윌리엄 매클린에 의해 탄생한 이론이다. 요약하자면, 기업의 소유자와 경영자가 분리되어 있을 때, 이들은 이해관계가 서로 다르기 때문에 도덕적 해이와 비용이 발생한다는 것이다.

주인-대리인 문제는 자영업자에게도 적용될 수 있다. 자영업을 할 때 가장 중요한 것은 관리(management)이다. 부업 자영업자의 경우 본업의 마감 후에 하는 것이 아니라면 관리가 어렵다. 이 경우 사업을 관리할 대리인을 세우는데, 서로 입장이 일치하지 않아 수많은 문제들이 발생하게 된다.

대표적인 것이 바로 수익의 극대화이다. 자영업자는 수익의 극대화를 위해서 시간당 고객 수와 평균 단가를 높여야 한다. 그러나 대리인들은 대부분 시간, 혹은 월에 따라 정해진 급여를 받기 때문에 그런 노력을 안하는 경우가 많다. 많은 고용주들이 이 문제 때문에 골머리를 앓곤 한다. 심지어 알바를 쓰는 경우에도 이러한 문제는 매우 흔하게 벌어진다. 이에 대해 많은 고용주들이 "요즘 젊은 것들은 책임감과 예의가 없다"라고 하지만, 사실 이것은 세대의 문제가 아니라 이해관계의 문제다. 특정 세대에게 그런 편견을 드러내면 속은 시원할지 몰라도 문제해결은 안 된다. 서로의 이해관계가 상충되기 때문에 비효율이 발생한다는 점을 인정해야 한다.

가게를 떠나 있는 시간이 많을수록 내 일을 확실하게 대신해줄 유능한 매니저를 고용하는 것이 중요하다. 그런데 남의 사업을 잘 관리해줄 유능한 매니저를 찾는 것이 쉬울까? 그가 유능한지 아닌지를 어떻게 알 수 있을까? 또 훌륭한 관리능력을 가지고 있더라도 얼마나 믿고 맡길 수 있을까? 오랫동안 눈여겨보지 않는 이상 알아차리기 힘들다.

대리인 문제를 줄이기 위한 선택

보통 매니저 역할은 자영업자와 이해관계가 같은 동업자이거나 배우자가 맡는 경우가 많다. 관리능력에서 의문부호가 붙더라도 적어도 신뢰도에서는 남들보다 낫기 때문이다. 이쯤 되면 왜 중세의 왕이나 영주들이 반란의 위험성에도 불구하고, 혈족에게 지역들을 떼어 맡기는 봉건제를 시행했는지 이해가 갈 것이다.

최근 들어 부업으로 사업을 운영하라는 책들이 속속 보이지만, 대부분 이 대리인 문제에 대해서는 얼버무리고 있다. 만약 관리를 전담해줄 좋은 동업자가 있다면 당신의 일은 편해질 것이다. 이 경우 당신은 일종의 지분 투자자가 될 것이다. 사실 직장인으로 할 수 있는 베스트는 이것이다. 그러나 이것은 엄밀히 따지면 사업이라기보다는 투자에 가깝다. 사업에서 멀리 떨어져 있기에 수익 배분이 그만큼 낮은 것도 감수해야 한다. 중세 봉건제로 치자면, 내가 임명한 봉건영주가 세금만 제대로 바친다면 그 지역의 관리에 관여하지 않고 전적으로 맡기는 형태와 같다.

만약 배우자가 관리를 담당하면, 부부라는 경제공동체의 운명상 가장 믿을 만한 사람이자 훌륭한 동업자가 된다. 현재 대부분의 기업은 고용계약서에 겸업 금지 조항이 들어가 있으므로, 표면적이고 실질적인 사업 운영주체는 배우자가 될 것이다. 그러나 배우자가 전업주부라 시간 여유가 있다면 사정이 낫지만, 직장을 다닌다면 둘 중 한 명이 그만두거나 다른 사람을 알아봐야 한다. 배우자가 직장을 그만두고 사업을 시작한다 해도, 매출이 예전의 급여보다 낮을 가능성은 여전히 있다.

자영업의 무급 가족 근로자 중에는 배우자뿐만 아니라 자녀도 있다. 나이가 어느 정도 되면 관리를 자녀에게 맡기기도 한다. 남보다는 더 믿을 만하지만, 이들 또한 적정한 보상을 하지 않으면 대리인 문제가 발생한다. 부부는 가정을 운영하는 경제주체이기에 공동체로 묶여 있지만, 자녀는 가정의 주체가 아니라 객체이기에 배우자에 비해 책임감이 적다.

특히 한국의 가족문화는 자녀를 부모의 소유물로 보는 경향이 있다. 그래서 '그동안 재워주고 먹여줬는데 이 정도는 거들어야지'라고 생각하는 경우가 많다. 그러나 대부분의 자녀들은 이러한 발상에 거부감이 크다. 자녀가 '당연히 책임질 일을 해줬으면서 나의 시간을 빼앗는다'라고 생각할 수도 있다. 그래서 일을 능동적으로 끌고 가는 것이 아니라 시간을 허비하는 경우도 많다. 자녀가 원래 책임감이 없거나 나태해서가 아니다. 이해관계가 맞지 않기 때문이다.

가족도 동업자도 아닌 다른 사람을 관리자로 앉히려면, 결국 서로의 이해관계를 최대한 가깝게 만드는 과정이 필요하다. 이 부분에서 경영학이 오래전에 해결책으로 꺼내든 카드가 '스톡옵션과 성과급' 등이다. 이것은 대리인이 오너십을 가지게 만들어 이해관계를 줄이는 것이다. 대리인을 두고 사업을 구상할 때 이 정도는 모두가 생각하기 마련이다.

그런데 현실은 사업이 성공적으로 굴러가고 매출도 잘 나오니 인센티브를 줄 수 있는 것이지, 인센티브 때문에 사업이 잘되는 것이 아니다. 사람들은 머릿속으로 '매출이 잘 나오면 인센티브도 주고, 수익배분도 해서 사기진작을 해야지'라는 아름다운 생각을 한다. 다만 성과급은 고사하고 수익을 걱정해야 하는 수준이기에, 생각만 하고 실행하지 못할 뿐이다. 대부분이 이 정도에 그친다.

　내가 임명한 대리인도 고만고만한 수준에 머무르기에 미덥지 못하다. 일은 제대로 안 하고 급여만 챙겨가는 월급도둑으로 보이기도 한다. 그래서 '행여나 잘되더라도 저 사람은 안 줘야지'라고 생각한다. 또 대리인은 대리인대로 불만이 많다. 현실이 상상만큼 아름답지 못한 예라고 할 수 있다.

과도한 낙관에 빠진 투기자들

매달 같은 월급을 받으며 매일 비슷한 업무를 하던 임금 노동자와 달리, 자영업자는 시시각각 변화하는 상황을 마주하게 된다. 이런 변동에는 환경 자체가 큰 영향을 준다. 계절과 날씨에 따라 사람들의 소비가 출렁거리고, 부정적인 뉴스나 루머 등도 큰 변동성으로 작용한다. 아이스크림, 빙수, 과일주스 관련 사업은 여름이 성수기이며 가장 사업이 잘된다.

그렇다면 이 아이템들의 겨울 매출은 여름 매출과 얼마나 차이가 날까? 이런 업종은 여름과 겨울의 매출 차이를 정확하게 공개하길 꺼린다. 결국 추정할 수밖에 없지만, 계절 업종은 비수기 때 매출이 80% 가까이 떨어질 수 있다는 것을 진지하게 고려해야 한다. 성수기에 매출이 매우 좋게 나와도 비수기에 매출이 이 정도로 흔들리면 사업을 이어나가기 어렵다. 임대료와 인건비는 매출이 나쁘다고 줄어들지는 않기 때문이다.

그럼에도 불구하고, 많은 사람들이 이처럼 높은 변동성을 감수하며 사업에 뛰어드는 원인은 무엇일까? 그것은 과도한 낙관과 과신 때문이다. 이는 '평균(mean)'에 대한 사람들의 왜곡된 인식에서 힌트를 찾을 수 있다. 평균에 대한 일반적인 인식은 평균을 기준점으로 위로 50%, 아래로 50%가 존재한다는 것이다. 그러나 이것은 평균이 아닌 중간값(median)의 정의이다. 평균과 중간값은 서로 다르다. 그러나 관대하게, 이 둘을 같은 개념이라 가정하고 이야기를 해보자.

문제는 사람들이 평균을 물러서서는 안 될 마지노선이자, 누구나 달성할 수 있는 수준으로 인식한다는 점이다. 그래서 '못해도 평균은 가겠지'라고 막연히 생각한다. 그런데 이것은 평균 이하인 50%의 존재를 간과하는 것이다. 또한 사람들은 자신은 평균 이하에 해당되지 않을 것으로 생각한다. 그래서 평균을 본인이 가정하는 최악의 상황으로 상정한다. 그러다 보니 과도하게 긍정적인 기대와 전망을 갖게 되는 것이다.

낙관과 과신은 매우 흔히 볼 수 있다. 대니얼 카너먼의 『생각에 관한 생각』에 따르면, 미국 중소기업의 5년 내 생존율은 35% 정도에 불과하다. 그런데 기업인을 대상으로 한 설문조사에서 81%는 자신의 성공 확률을 70% 이상으로 보았고, 33%는 아예 자신의 실패율을 0%라고 단언했다.

자신의 사업에 대한 지나친 낙관은 결국 과도한 위험을 부담하게 만든다. 이것이 변동성이 매우 큰 계절 업종에 손쉽게 뛰어들게 만드는 원동력이다. 성수기의 매출만 바라보고 비수기의 매출 감소를 과소평가하는 것이다.

투자가 투기로 되는 순간

창업 박람회나 프랜차이즈 사업 설명회가 큰 도움이 되지 않는 것도 이러한 문제 때문이다. 이런 자리는 본질적으로 참가 사업체들의 치열한 영업현장이다. 이들이 제시하는 수치는 사업자를 유치하기 위해 되도록 긍정적인 가정을 바탕으로 만들어지며, 노련한 영업맨들이 펼치는 영업기술이 이것을 그럴싸하게 만든다. 이들은 사업거리를 알아보러 온 사람들에게 낙관주의를 부채질하며 자기과신에 빠지게 만든다. 아무런 정보와 공부 없이 이런 자리에 참석하는 것은 컴맹이 용산전자상가에 단신으로 들어서는 것이나 다름없다.

물론 낙관주의는 더 많은 도전을 감수하게 하고, 그러한 도전 끝에 결국 성공하는 경우도 있다. 그러나 이것은 무수히 횟수를 늘려서 탄생한 억세게 운 좋은 경우에 불과하다. 우리나라 5,000만 국민이 가위바위보 단판 토너먼트를 벌였을 때, 한 명은 전승을 하는 경우가 나오는 것과 마찬가지다. 거의 대부분은 이 억세게 운 좋은 경우에 해당되지 못한다.

'어쩌다 자영업자'들은 대부분 개인적인 희망에 기반한 낙관주의를 펼치는 경우가 많다. 그래서인지 자영업도 다소 이상주의적으로 그려져온 것이 사실이다. 투자 관련 책에서는 찾아보기 힘든 '꿈'이나 '하고 싶은 일' 같은 표현이 자영업을 다룬 책과 기사에서 쉽게 볼 수 있는 것만 해도 그렇다. 그러나 이런 이상주의는 성공한 사업을 치장하는 데 유용할지 몰라도, 사업을 유지하는 것에는 도움이 안 된다. 투자의 관점으로 자영업을 보는 것이 오히려 도움이 될 수 있다.

가치투자의 창시자인 벤저민 그레이엄은 『증권분석』에서 투자의 정의를 다음과 같이 내렸다.

투자란 철저한 분석을 통해 원금을 안전하게 지키면서도 만족스러운 수익을 확보하는 것이다. 그렇지 않다면 투기다.

투자에서 핵심은 대박 수익률이 아니라 원금을 안전하게 지키고 손실은 최소화하면서도 만족스러운 수익을 거두는 것이다. 그래서 수많은 투자자들이 종목과 자산에 대해 철저하게 분석하는 것이며, 종목을 보는 안목과 분석력을 키우고자 공부하는 것이다.

벤저민 그레이엄이 내린 투자의 정의로 비춰볼 때, '어쩌다' 자영업에 뛰어드는 사람들은 투자자에 가까울까, 투기자에 가까울까? 투기를 하고서 자산이 안전하게 지켜지기를 바라는 것은 언감생심이다. 정말 자신의 사업이 안전하면서도 만족스러운 수익률을 내기를 원한다면, 투자에서 철저한 분석이 기반이 되는 것처럼 소비시장을 보는 눈과 감각을 키워야 하지 않을까?

나는 평소 투자에 관심이 많고 관련 책들을 보는데다가 전직이 은행원이다 보니, 주변 사람들로부터 재테크와 투자를 하고 싶은데 어떻게 해야 하냐는 질문을 받곤 한다. 이런 질문을 받을 때마다, 최소 2~3년 동안 저축을 통해 종잣돈을 충분히 마련하면서, 동시에 관련서를 읽으면서 본인에게 맞는 투자철학과 방법을 쌓기를 권한다. 투자에 대한 지식과 아이디어가 나름대로 충분히 쌓인 상태에서 그동안 모은 돈으로 투자한다면, 아무런 준비도 대책도 없이 투자할 때보다 좋은 성과를 거둘 가능성이 높기 때문이다. 자영업도 그렇다.

소비시장을 읽는 눈을 충분히 키우지 못하고 좁은 시야에 의지한다면, 정말 억세게 운이 좋지 않은 이상 좋은 결과를 보기 힘들다. 시야를 넓히는 한편, 시장의 흐름을 그때그때 잡아낼 수 있어야 한다. 이러한 감각과 시야를 겨우 몇 개월 살펴본다고 해서 쌓기는 힘들다.

물론 낙관주의와 과신을 완벽히 제거할 수는 없다. 그러나 최대한 경계해야 한다. 사람들은 베스트 시나리오에 기반해 계획을 수립한다. 그러나 살다 보면 그렇게 흘러가는 경우는 극히 드물다. 낙관주의에 기대어 사업을 구상하다가는 놓치는 부분이 많아지며, 다양한 상황과 변동성 아래에서 생존율이 떨어질 수 있다. '어쩌다 자영업자'들이 매우 쉽게 어려움에 빠지는 것은 그들의 성향이 투기에 가깝기 때문이다. 이는 그들이 처한 상황 때문이기도 하고, 스스로가 문제인 경우도 있다.

나이 든 사람이 사업을 시작하면 쉽게 망하는 이유

나이가 들어 뒤늦게 사업을 시작하는 사람들이 많다. 그런데 잘되는 경우보다 그렇지 않는 경우가 많다. 그들이 망할 확률이 매우 높은 이유는 생각해보면 간단하다.

회사에서 일을 할 때의 경험을 생각해보자. 실무진에서 현재의 트렌드와 취향을 고려한 기획을 하더라도, 결재가 올라갈수록 기획안이 처음의 신선함을 크게 잃어버리고 쉰내가 나는 경우가 많다. 나이 많고 결재권이 높은 사람일수록 취향이 빈곤하고 트렌드를 읽는 안목이 좀 뒤처지는 경우가 많기 때문이다.

사실 이것은 어쩔 수 없는 시대적 한계이기도 하다. 우리나라는 전 세계에서도 손꼽힐 정도로 급속한 경제발전을 이룬 나라다. 또한 그 과정에서 저축을 매우 장려하고 소비를 죄악시하는 풍조가 있었다. 하지만 1997년 외환위기 이후로 저축과 투자를 통한 성장모델이 더 이상 통하지 않게 되자, 소비를 죄악시하던 풍조는 조금씩 누그러들고 인식도 점차 개선되고 있다. 그러나 이러한 풍조가 지금도 남아 있다. 그래서 개인의 소비에 대한 부정적인 인식 또한 여전히 존재한다. 불행하게도 나이가 많거나 연차가 높은 사람일수록 이런 경향은 더 강하다. 결국 그들은 시장과 괴리되어 있을 수밖에 없다. 즉, 이들의 상당수는 돈을 쓸 줄 모른다.

회사만 다니다 사업을 한 예

서울에서 손꼽히는 부촌 중의 하나인 성북동을 보자. 이곳은 전통적인 부자들과 엘리트들이 사는 동네로 유명하지만, 방문할 때마다 전반적으로 상가들의 분위기나 취향이 상당히 올드하다는 생각이 든다. 물론 시설과 인테리어 등을 세세하게 보면 돈을 들였다는 것과 고급스러움이 느껴지지만, 그래도 뭔가 올드하다. 그것이 나름대로 그곳만의 특색 있는 분위기를 연출하지만, 둘러볼수록 '소비를 죄악시하던 풍조와 소비할 상품과 서비스가 부족했던 시대에 젊은 시절을 보낸 사람들이 소비를 한다면 이렇게 하겠구나'라는 느낌을 받는다.

반면 같은 부촌이지만 한남동은 좀 다르다. 미군과 외국인들이 많이 거주하는 지역이기도 하고, 인구 유입과 유출이 별로 없는 성북동과 달라서 그런지, 매력 있는 가게도 많고 트렌드도 잘 맞춰간다. 이것이 한남동이 새롭게 '뜨는 동네'가 될 수 있었던 원동력이기도 하다.

성북동과 한남동의 차이는 나이 들어 회사를 나와 가게를 차리는 사람이 시장과 얼마나 괴리되어 있는지를 잘 보여주는 예이다. 오랫동안 취미로 관심을 기울인 분야가 아니면, 이들의 안목은 과거에 머물러 있기 마련이다. 그것도 일부에 불과할 뿐이고, 대부분 그 안목조차 없는 경우가 많다.

돈은 있지만 안목과 취향이 빈곤한 사람들, 이들의 주변에는 '업자'

들이 몰린다. 이런 업자들은 아주 훌륭한 세일즈맨이다. 자본만 많고 취향은 빈곤한 사람들을 홀릴 만한 아이템이 무엇인지를 알고, 또 현혹할 줄도 안다. 취향이 없기 때문에 '요즘 잘나가는 것'이란 말에 쉽게 흔들리고 그것을 덥석 문다. 이름만 다르고 비슷한 붕어빵들이 쉽게 탄생하는 원인이다.

이들은 돈을 제대로 잘 써본 경험이 없기 때문에, 무엇을 어떻게 해야 다른 사람의 지갑을 열 수 있는지도 모른다. 돈을 쓰게 만들려면 타인을 매혹할 수 있어야 하지만, 취향과 안목이 없는 사람은 애초에 그런 상품과 서비스를 가려내지도 못한다. 따라서 주변에 이들의 자본을 노리는 사람들만 모이게 된다.

퇴사 후 명확하게 드러나는 개인의 역량

상황이 이런데도 그들은 자기과신이 넘친다. 이는 과거 기업에서 승승장구하던 사람일수록 더하다. 커리어에서 쌓았던 승리의 경험 때문에 다른 분야에서도 잘할 수 있을 것으로 여기는 것이다.

규모가 작은 자영업은 오직 개인의 역량에 의지하며 성실성을 연료로 굴러간다. 그래서 시스템에 가려져 있던 개인의 역량이 매우 명확하게 드러난다. 시스템의 일원이던 사람이 개인의 역량으로만 승부를 보는 곳에 뛰어들려면, 먼저 자신의 역량을 명확하게 알아야 한다. 여전히 기업 시스템의 백업을 자신의 능력으로 착각한다면 승률은 급격하게 떨어질 수밖에 없다.

그것이 명백하게 드러나는 부분이 관리다. 자신이 '관리는 잘한다'고 여기는 사람들이 많다. 그러나 막상 회사를 나와보면 그것이 회사의 시스템이 받쳐주었기에 가능했다는 것을 알게 된다.

가진 것이 자본뿐인 사람들

사람들은 사업을 차린 후 내가 없어도 그 사업장이 잘 굴러가기를 바란다. '오토'를 꿈꾸는 것이다. 특히 가진 게 자본뿐인 사람들은 회사에서 하던 식으로 하면 될 거라고 막연히 생각하기 쉽다. 그러나 이것은 생각만큼 쉽지 않다. 오토는 시스템의 구축이다. 그 시스템을 밑바닥부터 하나하나 구축하는 것이 말처럼 쉽게 될 리가 없다. 그래서 실패하는 경우가 많다.

회사를 나왔을 때 가진 것이 자본뿐이라면 그 자본은 매우 쉽게 침탈당한다. 투자에서도 안목이 필요한데 하물며 사업은 더하다. 진짜와 가짜를 가려낼 안목도 없고 취향조차 없다는 것은, 그 자본을 지켜낼 성벽도 해자도 없다는 뜻이나 다름없다. 내가 현재까지 봐온 바로는 대부분의 사람들은 그렇게 회사를 나온다. 그러니 실패할 확률이 높고 그나마 가지고 있던 자본도 깎여나갈 수밖에 없다.

'제2의 인생'이란 것은 제1의 인생 속에서 다음 인생을 완벽하게 설계했을 때에나 잘 굴러간다. 제1의 인생과 동일한 방식으로 제2의 인생을 꾸려나갈 수 있는 행운아는 그다지 많지 않다. 적어도 이때까지 봐온 바로는 그렇다.

현재와 다가올 미래

Part 9

IMF와 외환위기는 무죄

'자영업 지옥'과 맬서스 트랩

폐업률 80%의 비밀

종말론을 넘어서

희망적인 전망

IMF와 외환위기는 무죄

　　　　　　　　　　우리나라의 취업자 대비 자영업자 비율은 전 세계에서도 매우 높은 수준이다. 과거 30%를 육박하던 시절에 비하면 나아지긴 했으나, 무급 가족 근로자까지 포함할 경우 여전히 25% 이상이며, OECD 통계상으로 이 비율이 우리나라보다 높은 국가는 그리스, 터키, 멕시코, 콜롬비아, 브라질뿐이다.

　그렇다면 언제부터 자영업자들이 많아졌을까? 흔히 1997년 외환위기 이후에 많은 사람들이 직장에서 정리해고를 당하면서 자영업에 종사하게 되었고, 그것이 자영업 지옥을 만들었다고 이야기한다. 그러나 사실은 조금 다르다.

　다음의 그래프는 1980년부터 현재까지의 취업자 대비 자영업자 비율이다. 그래프에서 보듯이, 자영업자의 비율은 1991년까지 크게 감소했다. 그러나 1991년부터 점진적으로 상승하여 1998년에는 정점을 찍고 다시 하향 추세로 전환했다. 호황기였던 1990년대 초중반에 오히려 자영업자 비율이 증가했다는 점은 굉장히 독특하다.

　자영업자 비율의 이러한 상승 흐름을 꺾은 것은 바로 1997년 외환위기였다. 흔히 외환위기로 인해 직장인들이 내몰려 자영업자가 늘어났을 것이라고 생각하지만, 실제로는 오히려 외환위기를 기점으로 증가세가 꺾였다. 물론 여기에는 수많은 자영업자들의 도산과 퇴출이 있었던 것도 사실이다. 외환위기가 대기업들이 망할 정도로 거대한 경제난이었음을 감안하면, 규모가 작고 체력이 약한 개인 사업자들이 버틸 수 없었던 것은 당연한 일이다.

이후 자영업자 비율은 꾸준히 하락세를 지속하여 현재의 수준에 이르렀다. 이러한 추세가 이어진다면 앞으로 자영업자 비율은 10% 중반 이하로 내려올 것이다. 그래서 80%가 넘는 임금 노동자들이 10% 중반의 자영업자들이 생산하는 상품과 서비스를 소비하는 시대가 될 것이다. 이것은 자영업으로서는 지금보다 좀 더 튼튼한 구조이다.

1인당 GDP와 자영업자 비율은 높은 음의 상관관계를 가지고 있다.

취업자 대비 자영업자 비율 추이　　　　단위: % | 자료: 통계청, 경제활동인구 조사

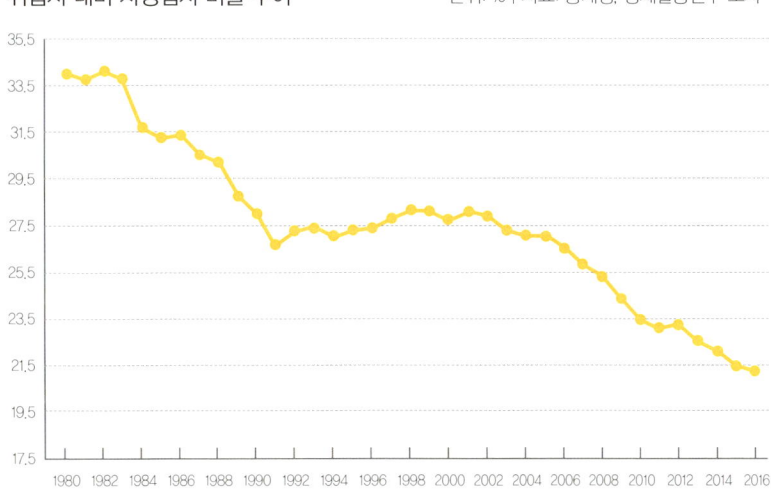

즉, 1인당 GDP가 성장할수록 자영업자 비율이 줄어든다. 이는 선진국들의 자영업자 비율 추이를 보면 알 수 있다. 선진국들도 과거에는 자영업자 비율이 높았으나 경제성장과 더불어 꾸준히 하락했다. 그런 점에서 보면 현재 우리나라의 자영업 감소 추세는 긍정적인 흐름이라고 할 수 있다.

여기에서 특이한 사례가 두 가지 있는데 바로 독일과 영국이다. 독일은 자영업자 비율이 꾸준히 하락하는 추세였는데, 통일이 된 1991년부터 반전되어 2000년대 중반까지 꾸준히 상승했다. 그리고 2005년에 정점을 찍은 후로 다시 하락하는 추세다. 공교롭게도 이처럼 비율이 상승하던 시기는 독일이 '유럽의 병자'라는 평가를 받으며, 경제적으로 뒤처져가는 국가 취급을 받던 시기와 거의 일치한다.

반면 영국은 선진국 중에서 예외적으로 자영업자 비율이 꾸준히 상

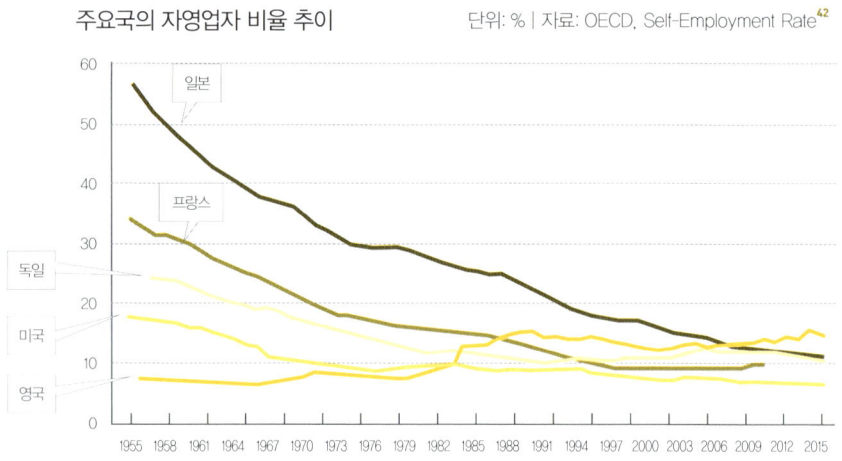

주요국의 자영업자 비율 추이   단위: % | 자료: OECD, Self-Employment Rate[42]

승하고 있는 국가이다. 경기침체를 겪기 시작하던 1960년대 후반부터 점진적으로 상승해왔다. 한 가지 재미있는 것은 자영업자 비율이 1979년 7.6%에서 1989년에 15.2%로 두 배로 뛰었다는 점이다. 공교롭게도 이 시기는 마거릿 대처의 수상 재임 시기(1979~1990)와 거의 일치한다. 영국의 노동자 계급이 왜 그렇게 대처 수상을 싫어했는지 이 비율로도 이해할 수 있을 것이다.

국가를 불문하고, 과거에는 자영업자 비율이 높았지만 시간이 갈수록 낮아지는 경향이 있다. 이것은 폐업한 자영업자 중 일부와 새로 노동시장에 진입하는 사람들이 기업에 고용되어 일하는 노동자로 흡수되기 때문이다. 그래서 자영업자 비율의 감소는 기업 부문의 성장으로 해석할 수 있다.

실제로 총 취업자 수는 지속적으로 증가하고 있으며, 그래프에서 확

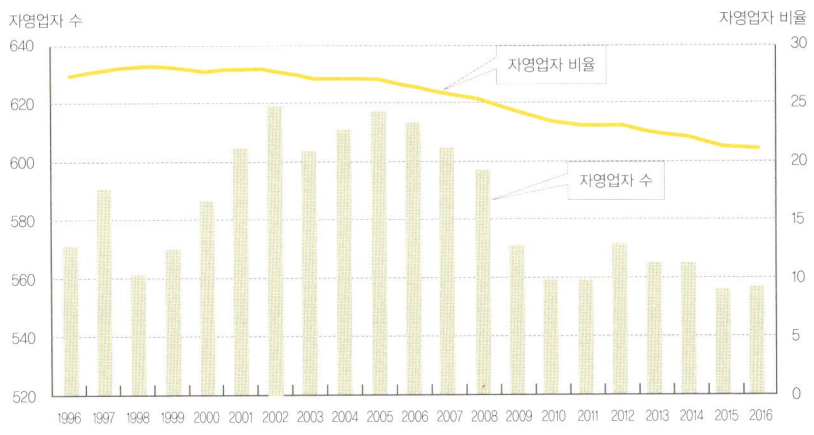

한국의 자영업자 수와 자영업자 비율   단위: 만 명, % | 자료: 통계청, 경제활동인구 조사

인할 수 있듯이, 자영업자의 수는 2002년 정점을 찍고 하락세를 보이고 있다. 이는 늘어난 취업자의 수만큼 임금 노동자가 늘어났기 때문이다. 그러한 시각에서 보자면, 독일의 자영업자 비율이 1991~2005년 증가한 것은 통일 이후 갑자기 늘어난 동독의 노동인구를 기업 부문이 충분히 소화하지 못한 것이라 볼 수 있다. 마찬가지로 영국의 마거릿 대처 집권기에 자영업자 비율이 급격하게 증가한 것은 산업과 기업의 해체로 인한 결과라고 추측할 수 있다.

다른 나라의 사례에서 볼 수 있듯, 자영업자의 퇴출과 고용시장의 성장으로 인해 자영업자 비율이 감소하는 것은 매우 자연스러운 현상이다. 반대로 이 비율이 증가하는 것은 부정적인 현상이다.

그럼, 과거 우리나라의 추이를 어떻게 생각해야 할까? 우리는 그동안 1997년 외환위기와 IMF 구제금융 때문에 자영업자들이 폭발적으로 증가했다고 생각해왔다. 그러나 오히려 그전까지 자영업자 비율은 지속적으로 증가했으며, 그 이후에서야 그런 추세가 끝난 것을 확인할 수 있다.

물론 자영업자의 수는 IMF의 구제금융을 받던 1998년에는 크게 감소했어도 이후 지속적으로 상승하여 2001~2008년에는 1997년보다 더 많아졌다. 그러나 주목해야 할 것은 비율은 지속적으로 감소했다는 점이다. 이것은 그만큼 임금직 일자리가 증가했기 때문이다.

앞서 설명한 독일과 영국의 사례를 생각해볼 때, 1990년대 우리나라의 자영업자 비율 증가를 어떻게 봐야 할까? 또한 그렇게 증가세를 유지하던 것이 정작 구제금융 이후 상승세가 꺾이고 하락세로 접어든 것은 어떻게 봐야 할까? 1990년대에는 기업부문이 고용을 그만큼 흡수하지 못했지만, 그 이후로는 일자리가 증가하여 그만큼 흡수하고 있다고 봐야 할 것이다.

　이렇게 볼 때, 자영업자 증가 문제로 외환위기와 IMF의 구제금융에 책임을 물을 수 있을까? 차라리 구제금융 이후로 임금직 일자리가 크게 늘어나 자영업자의 더 큰 수익기반이 되었다는 점에서 긍정적이라고 할 수 있지 않을까? 우리가 말하는 '자영업 지옥'의 문제에서 외환위기는 오히려 자유롭다. 1997년 이전까지 보였던 흐름이 계속 이어졌다면 이것이야말로 진짜 지옥이었을 것이기 때문이다. 이제 이 문제에서 외환위기와 IMF를 놓아주도록 하자. 그들은 무죄다.

'자영업 지옥'과 맬서스 트랩

많은 사람들이 자영업의 높은 폐업률을 보고 '자영업 지옥'이라 말한다. 그러나 사업을 시작하는 사람 중 망하는 이가 많고, 자영업자 비율이 꾸준히 감소하고 있는 현상을 일컬어 자영업 지옥이라고 할 수 있을까?

시장의 크기가 한정되어 있다면, 지나치게 높은 경쟁률은 그 경쟁에 참가하고 있는 모두에게 좋은 소식이 아니다. 알다시피 한정된 시장에서는 경쟁자가 줄어들수록 더 높은 수익을 거둘 수 있다.

예를 들어보자. 현재 취업자는 약 2,500만 명인데, 이 중에서 자영업자의 수는 약 500만 명이며, 2,000만 명은 임금 노동자이다. 즉, 500만 명의 자영업자들은 약 2,000만 명이 벌어들이는 임금소득에서 매출과 소득을 거두고 있는 상황이다.

여기서 임금 노동자들이 지불한 비용이 모두 자영업자들의 매출로 나타난다고 가정하자. 1인당 50만 원씩 쓸 경우 시장의 총 매출은 10조 원이며, 자영업자들의 수는 500만 명이니 1인당 평균 200만 원의 매출을 거두는 셈이다. 만약 자영업자가 300만 명으로 줄어들고 임금 노동자가 2,200만 명이 된다면 총 매출은 11조 원이 되므로, 자영업자 1인당 거두는 평균 매출은 366.6만 원으로 크게 증가한다. 반대로 자영업자가 700만 명으로 늘어나는 경우는 128.5만 원으로 크게 감소한다.

즉, 자영업자가 폐업으로 인해 줄어들고 임금 노동자로 바뀌면, 자영업의 매출이 증가하고 생존력이 커질 것이다. 물론 이것은 대략적인 가정이다. 실제로는 업종, 소비층, 입지 등에 따라 다르겠지만, 전체적으로 보자면 자영업자의 감소가 더 도움이 된다는 이야기다.

정리하면, 자영업자들이 너도나도 늘어나는 것이 오히려 지옥으로 가는 길이다. 반면 주변의 자영업자들이 하나둘씩 사라져가는 현상이 겉보기에는 우울해 보일지도 몰라도, 오히려 살아남은 사람들에게는 유리하다. 굉장히 아이러니하게 느껴질 수 있고, 궤변이라는 생각이 들 수도 있을 것이다. 그러나 이것은 약 200년 전의 경제학자이자 『인구론』을 쓴 토머스 맬서스의 이론에도 부합한다.

산업혁명 이전까지 지속된 맬서스 트랩

맬서스는 『인구론』에서 식량은 산술급수로 증가하나 인구는 기하급수로 증가하기 때문에, 인구의 과도한 증가가 전쟁과 빈곤, 기아를 부른다고 주장한 바 있다. 이를 더 자세하게 설명하자면, 기술발달로 식량 생산이 증가하고 임금이 늘어나면 인구가 증가한다. 그런데 인구가 식량 생산을 초과할 정도로 증가할 경우, 생활수준이 하락하고 기근과 전쟁으로 인해 인구가 줄어들게 된다. 인구가 줄면 생활수준이 상승하고 다시 인구가 늘어나게 된다. 이러한 과정이 반복된다. 이를 '맬서스 트랩'이라고 한다. 물론 맬서스의 이 어두운 예언은 맞지 않았다. 그가 활용한 통계자료가 인구를 과대 계상했기 때문이며, 산업혁명으로 인해 인류는 인구가 늘어남에도 과거보다 더 풍요로운 생활을 누릴 수 있게 되었기 때문이다.

그러나 후대의 학자들이 맬서스의 주장을 재검토하면서, 그가 『인구론』을 발표하던 근대까지만 하더라도 인구 증가와 생활수준이 서로 반비례했다는 점을 발견했다. 즉, 당시는 인구가 늘어날수록 생활수준이 떨어졌다.

산업혁명 이전까지 맬서스 트랩이 지속될 수 있었던 이유는 토지가 가장 중요한 생산수단이자 절대적인 소득을 결정하는 요소였는데, 농

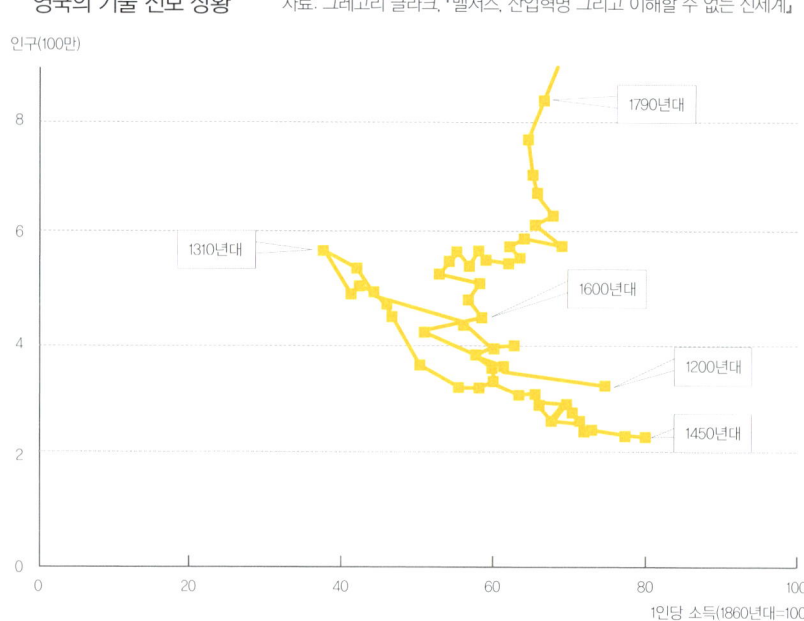

영국의 기술 진보 상황   자료: 그레고리 클라크, 『맬서스, 산업혁명 그리고 이해할 수 없는 신세계』

업 생산성은 단기간에 크게 개선되지 않을 뿐더러 노동력을 더 투입해도 늘릴 수 있는 생산성에 한계가 있었기 때문이다. 그래서 인구가 늘어나면 생활수준이 하락하고, 인구가 감소하면 생활수준이 높아지는 상황에 빠질 수밖에 없었던 것이다.

그레고리 클라크는 『맬서스, 산업혁명 그리고 이해할 수 없는 신세계』에서 영국의 사례를 제시하고 있다. 영국은 1200년에서 1316년에 이르기까지 인구가 크게 증가하여 600만 명으로 늘어났는데, 1348년에 흑사병이 유행하면서 1450년대까지 200만 명으로 줄어들었다. 그리고 흑사병이 잦아들면서 다시 인구가 증가하여 1650년까지 늘어났다. 이 기간에 인구와 1인당 소득은 반대로 움직이는 모습을 보였다. 이런 경향은 1650년대 이후 달려졌다. 즉, 소득이 정체되어도 인구가 크게 증가하는 모습을 보인 것이다. 식민지 개척으로 인해 외부에서 식량이 공급되어 증가하는 인구를 부양했기 때문이다.

자영업자들의 폐업 소식이 꼭 비보일까

이제 다시 자영업으로 돌아와보자. 대부분의 자영업은 내수시장을 대상으로 한다. 내수시장의 크기는 인구와 소득에 달려 있다. 그런데 장기적으로는 인구변화와 소득 증가가 시장에 변화를 주겠지만, 단기 및 중기적으로 보면 내수시장은 사실상 큰 변화가 없다. 또한 자영업의 대부분을 차지하고 있는 서비스업은 생산성이 낮으며, 특히 영세 사업장에서는 인건비 따먹기라 할 정도로 수익률이 낮다. 이는 사실상 토지는 한정되어 있고 농업기술의 발달속도는 느리며 농업 생산성마저 높지 않았던 맬서스 시대와 비슷한 환경이다. 그래서 맬서스 트랩이 자영업에도 적용될 수 있다. 다시 말해 자영업자의 수가 감소할수록, 살아남은 자영업자들의 생활수준과 수익은 증가하게 된다. 따라서 자영업자의 폐업이 늘어난다는 뉴스는 맬서스적인 시각으로 보자면, 절망이고 나쁜 뉴스라고 보기 힘들다.

일자리의 질 측면에서 봐도 마찬가지다. 자영업의 평균 노동시간은 임금 노동자보다 길다. 이들은 더 긴 시간을 일하며, 겨우 자신의 인건비 정도를 벌며, 투입 자본의 손실 가능성도 있다. 이러한 자영업이 나쁜 일자리로 대표되는 비정규직 임금 노동직보다 낫다고 할 수 있을까?

매우 비극적인 아이러니지만, 자영업자가 늘어나고 있다는 뉴스보다, 폐업하는 자영업자가 늘어나고 자영업자 비율이 꾸준히 감소하고 있다는 뉴스야말로 긍정적인 시그널이다. 그리고 우리나라는 지난 20년 동안 자영업자 비율이 꾸준히 감소하여 20% 초반대로 내려왔다. 개개인에게 사업을 접는다는 것은 매우 비극적인 일이지만, 사회 전체적으로 보면 긍정적인 면이 있다.

다만 속도가 문제다. 임금 노동직이 늘어나는 속도와 자영업자가 줄어드는 속도가 발을 맞춰야 한다. 자영업자가 줄어드는 속도는 빠른데, 임금 노동직이 크게 늘지 않는다면 어떻게 될까? 일자리가 없으니 폐업한 자영업자가 또 다른 자영업 예비군이 될 뿐이다. 현재 상태로도 자영업의 구조조정과 퇴출은 충분히 이뤄지고 있다. 그러므로 이런 추세를 무리하게 가속할 필요는 없다.

OECD의 자영업자 비율은 평균 10% 초반이다. 우리나라도 빠르면 몇 년 안에 10%대로 하락할 것이다. 그리고 이 비율이 줄어들면 줄어들수록 경쟁강도는 낮아지고, 생존한 사람들에게는 더 나은 환경이라는 보상이 기다리고 있을 것이다.

폐업률 80%의 비밀

 자영업에 대한 부정적인 이미지 중에서 가장 큰 비중을 차지하는 것이 높은 폐업률이다. 언론을 통해 익히 알려진 대로, 자영업의 5년 내 생존률은 약 20% 선에 불과하다. 조사한 시기와 기관에 따라 조금씩 다르지만 대략 이 선을 오르내린다. 즉 10개의 가게가 오픈했을 때, 5년 후에도 문을 닫지 않고 사업을 영위하는 곳은 2군데밖에 없다는 이야기다.

여기에서 우리가 잘못 알고 있는 것이 있다. 자영업의 생존률이라고 하니, 10곳 중에서 2곳만 영업하고, 나머지 8곳은 쫄딱 망한 줄로 안다. 하지만 그렇지 않다. 이 지표를 정확하게 이해하기 위해서는 무엇을 기준으로 판단하는지 알아야 한다. 자영업의 생존률과 폐업률은 사업자 등록의 신고와 폐업, 그리고 부가세 납부를 기준으로 한다. 성공한 사람과 쫄딱 망한 사람이 기준이 아니다.

폐업을 하는 다양한 이유

폐업 신고에는 여러 가지 사유가 있다. 먼저 장사가 되지 않아서 접는 경우가 있다. 그러나 이 경우에도 일반적으로 보증금과 권리금을 받고 집기를 처분하면 초기 투자금 중 상당부분을 회수할 수 있으므로, 사람들이 보통 생각하는 '망하는 것'과는 거리가 있다. 대부분의 사업자들은 이렇게 회수한 초기 투자금으로 다시 다른 사업을 한다. 그래서 특히 대도시에서 영업을 하는 사업자들에게는 권리금의 회수가 매우 중요한 문제다. 결론적으로 보증금과 권리금을 받는 등 초기 투자금의 상당부분을 회수했다면 망했다고 할 수 없다.

또 다른 폐업 신고의 이유는 사업 아이템이 괜찮은 것 같아서 시작했는데 매출이 생각만큼 나오지 않는 경우이다. 사업 구상 당시에 아이템의 가치를 지나치게 높게 봐서 기대수익률을 과대평가한 것이다. 순수익이 어느 정도 나와줄 것이라고 기대했는데, 실제는 그에 미치지 못한 것이다. 이 경우 사업자들은 사업을 오래 지속하지 않는다.

예를 들어 1억 원을 3년 만기, 연 2%의 정기예금에 넣었는데, 2개월 후 회사 동료가 3.5%의 예금상품에 들었다는 것을 알았다고 하자. 그럼, 이자 손해고 뭐고 당장 은행에 찾아가 정기예금을 해약하고 3.5% 금리를 주는 곳으로 달려갈 것이다. 자영업에도 이러한 사업자들이 있다. 모두가 10년, 20년을 갈 사업을 하지는 않는다. 그렇기에 이 또한 망했다고 하기는 어렵다.

또한 장사는 그럭저럭 잘했지만 오르는 임대료를 감당하기 힘들어서 사업을 접는 경우이다. 이는 적어도 임대료를 감당할 수 있는 기간에 벌어둔 돈이 있다는 점에서 상황이 나은 편이다.

또 다른 경우로는 사업자의 질병이나 육체적, 정신적 고갈로 인해 장기간 쉬는 경우다. 특히 영세한 1인 사업의 경우, 비용절감을 위해

영업주가 장시간 혼자 일하며 모든 것을 감당하는 경우가 많다. 사업 초기에 잠깐이면 몰라도, 매해 그렇다면 결국 몸이 버티지 못하는 순간이 온다. 제법 좋은 상품을 팔고 수익성도 좋았지만, 심신의 부담이 너무 커서 영업을 지속하지 못하고 폐업한 사례들은 생각보다 많다. 이 또한 망했다고 할 수 없다.

사업장소의 이전도 사유 중 하나이다. 지금까지 영업했던 장소에서 계약이 만료되어 이런저런 이유로 다른 곳으로 이전하는 경우이다. 이때 이전할 장소를 미리 계약하고, 현 장소에서 폐업함과 동시에 새로운 장소에서 사업을 시작하기도 한다.

하지만 일반적으로는 현 장소에서 계약이 끝나면, 그때 보증금과 권리금을 받아 그 돈으로 새로운 장소를 계약한다. 사업자등록증의 주소를 변경하려면 이전할 장소의 임대차계약서가 필요한데, 계약 전에는 주소를 변경할 수 없고, 전 임차인의 주소 변경이나 폐업 신고 전에는 사업자등록 신고를 할 수 없기 때문이다. 그래서 현 장소에서 계약 종료 시 폐업 신고를 하고 새로운 장소를 알아볼 겸 휴식을 취하기도 한다. 이것이 폐업률을 높이는 한 요인이다.

마지막으로 드물지만, 간이과세자 혜택도 폐업의 한 사유이다. 사업자등록 신고를 할 때는 일반과세자와 간이과세자 중 하나를 선택할 수 있다. 이때 간이과세자를 선택할 경우, 첫해 매출이 4,800만 원 이하이면 계속 간이과세자로 남지만, 그 이상이면 다음 해에 일반과세자로 전환된다. 그래서 간이과세가 유리한 경우에는 폐업 후 신고를 새로 하면 첫해는 다시 간이과세자로 사업을 할 수 있기 때문이다.

이렇듯이 폐업의 사유는 장사가 안 되어서 뿐만 아니라 다양한 상황들이 있다. 이 차이를 구분하지 않는다면 5년 내 폐업률 80%가 무시무시한 숫자로 다가오겠지만, 이렇게 쪼개어볼 경우 생각만큼 무섭지 않은 숫자가 된다.

종말론을 넘어서

 자영업의 위기를 논할 때는 항상 '자영업의 붕괴'와 '자영업 대란'이란 말이 나온다. 『골목 사장 분투기』에서는 베이비부머의 은퇴와 정규직 고용의 불안정성이 자영업 창업 증가로 이어져 향후 30년간 고용시장에 충격을 줄 자영업 대란으로 이어질 것이라고 전망했다. 과연 그럴까?

이 우울한 전망은 은퇴한 베이비부머들이 생존을 위해 누구나 자영업 창업에 뛰어들고, 이에 따라 경쟁이 격화되어 수익성이 하락하고 부실화될 거라는 전제를 깔고 있다. 은퇴한 베이비부머들이 부실 자영업자, 저소득층이 되면서 자영업 대란이 발생한다는 것이다.

그러나 이 전망에는 허점이 많다. 앞서 살펴봤듯이, 전체 고용에서 자영업자들이 차지하는 비율은 지속적으로 하락하고 있다. 자영업은 그 어떤 산업보다도 강력한 구조조정이 이뤄지고 있으며, 생산성과 경쟁력이 낮은 사업자들이 계속 퇴출되고 있다. 이처럼 강력한 구조조정으로 퇴출이 계속되는 산업에서 거품이 생기기란 쉽지 않다. 오히려 위험성을 따지자면, 자영업자의 증가세가 정점이었던 1997년이 현재보다 훨씬 위험했을 것이다.

또한 자영업에 대한 인식과 전망은 매우 부정적이다. 이로 인해 베이비부머들이 은퇴 이후 자영업보다 임금 노동자가 되는 쪽을 선택할 가능성이 높아지고 있다. 실제로 임금 노동자에서 자영업으로 진입한 사람들의 연령별 분포를 보면, 베이비부머를 포함한 50대 이상의 비율은 25%에 불과하며, 40대 이하가 75%를 차지하고 있다. 또한 50대 이상의 진입자는 매년 감소하고 있고 퇴출자는 증가하는 추세다.[43] 이는 은퇴 세대들이 자영업에 뛰어들기를 꺼린다는 것을 보여준다.

　아울러 자영업 대란을 전망하는 사람들은 이에 대한 해법으로 부동산 거품을 빼서 임대료 부담을 줄이고, 대형마트와 프랜차이즈를 규제해야 한다고 외친다. 하지만 이것은 경제현상을 편향적으로 바라본 시각이다.

　우선 부동산 거품을 빼서 임대료의 부담을 줄이자는 주장을 살펴보자. 부동산의 가격이 하락하면 담보가치가 떨어지므로, 은행은 대출의 일부를 회수하려고 들 것이다. 이에 따라 돈을 빌리기 어렵게 되고 시중의 돈이 줄어들게 된다(신용축소). 그런데 자영업자의 가계부채는 임금 노동자보다 높다. 2016년 상용직 근로자의 가처분 소득 대비 금융부채 비율은 101%인데 반해 자영업자의 경우 164.2% 정도이다.[44] 그러므로 부동산 가격이 떨어지고 신용축소가 일어나면 자영업자에게 큰 타격이 될 수 있다. 부동산 시장의 급락은 자영업 대란을 해소하기는커녕, 없는 대란마저 불러일으킬 수 있다. 이것이 내가 자영업 대란이라는 종말론을 외치고 다니는 사람들의 주장을 부정적으로 보는 근거이다.

시장이 침체된 진짜 원인

그동안 우리나라는 내수부문에서 극도로 힘든 시기를 보냈다. 혹자는 그 원인을 우리 경제의 구조적 문제나 인구절벽 등에 돌리기도 한다. 그러나 지난 고통의 진짜 원인은 그것과는 거리가 조금 멀다.

홍춘욱 박사의 『인구와 투자의 미래』에 따르면, 우리나라는 수출 중심 국가이기 때문에 수출이 잘될 때 내수경기도 좋고, 잘 안 될 때 경기도 나빠지는 특성이 있다. 수출 증가율과 내수 출하 증가율이 연동되는 모습을 보이는 것이다.

수출 통계를 보면, 우리가 최근 몇 년 동안 겪었던 어려움의 근본적인 원인이 어디에 있는지 분명하게 드러난다. 1995~2011년의 17년 중에서 수출이 두 자릿수로 증가한 것은 10년이며, 5% 이상의 증가율을 기록한 것은 13년이다. 수출 증가율이 마이너스를 기록했던 적은 단 3년(외환위기, IT 버블 붕괴, 글로벌 금융위기)에 불과하며, 그 다음 해에는 여지없이 큰 폭으로 턴어라운드를 이뤄냈다.

1997년 말 외환위기의 이듬해인 1998년에 수출 증가율은 −2.8%를 찍었지만, 그다음 해에는 8.6%로 크게 반전되었으며, 2000년에는 19.9%라는 두 자릿수를 회복했다. IT 버블붕괴 때도 마찬가지였다. 2001년에 수출 증가율은 −12.7%를 기록했지만, 그다음 해에 8%, 그 이듬해에 다시 19.3%라는 두 자릿수로 복귀했다. 심지어는 지난 글로벌 금융위기 때도 마찬가지다. 2009년에 수출 증가율이 −13.9%를 기록했지만, 2010년에는 28.3%로 두 자릿수를 회복했다.

반면 2012~2016년의 5년간은 이전과는 매우 다른 모습이었다. 과거 17년 동안에는 수출 증가율이 5% 미만인 경우는 단 4년밖에 없었는데, 이 시기에는 5% 미만의 증가율이 5년 연속으로 계속되었다. 과거에 있었던 수출 감소 이후의 큰 턴어라운드가 나타나지 않았다. 심지어는 2015년과 2016년에는 수출이 연속으로 감소했다. 이것은 분명 과거에 겪어본 적이 없던 일이다. 이런 현상은 우리나라의 경제와 수출이 경쟁력을 상실해서 발생한 것이 아니다.

수출액 기준으로 우리나라는 2008년에 세계 12위의 무역국가에서

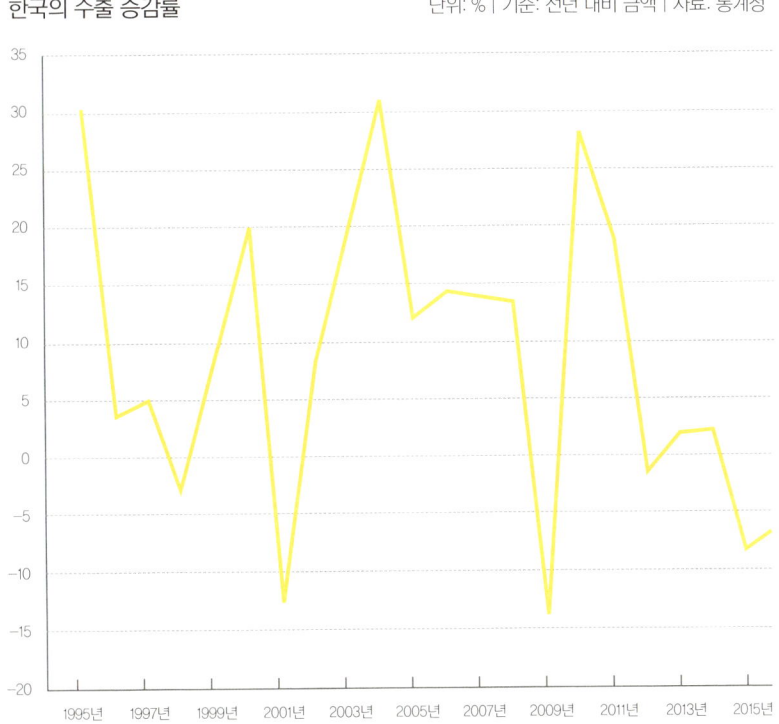

한국의 수출 증감률 　　　　　단위: % | 기준: 전년 대비 금액 | 자료: 통계청

2015년에는 6위로 상승했다.⁴⁵ 다른 나라들의 수출이 극도로 부진했던 와중에도 우리는 선전했다. 그럼에도 불구하고 최악의 시기를 겪었던 것은 당시 국제무역이 너무 침체되었기 때문이다. 세계 무역 증가율(금액 기준)도 2012~2016년 동안 엄청난 부진을 기록했다. 이것이 바로 지난 5년 동안 우리가 극도로 어려움을 겪었던 근본적인 원인이다.

결국 우리나라는 수출이 제대로 회복되지 않으면 내수시장도 어려움을 겪을 수밖에 없다. 우리나라는 이러니 저러니 해도 수출 중심 국가이며, 내수산업인 서비스업종의 생산성이 낮고 규모가 영세하기 때문이다. 따라서 내수 회복을 위한 가장 최선의 해법은 결국 수출이란 해답이 나온다.

우리나라의 경우 국내의 총 요소 생산성이 매우 나빠지거나, 미국과 유럽 같은 대형 소비시장이 침체되면 내수경기가 더 나빠진다. 그런데 현재 우리나라의 총 요소 생산성은 다소 침체되었으나 선진국과 비교하면 꽤 높은 수준이다. 또한 미국과 유럽의 소비시장이 지금보다 더 침체될 기미는 보이지 않는다. 그렇다면 내수경기가 이보다 더 나빠질 가능성은 적다고 볼 수 있지 않을까?

혹자는 베이비부머의 은퇴가 자산시장의 붕괴를 가져오고 이에 따라 내수시장이 더 침체될 것이라고 주장한다. 하지만 『인구와 투자의 미래』에 따르면, 미국과 유럽의 경우 베이비부머가 은퇴하고 생산활동 인구가 감소했음에도 자산시장이 폭락하거나 침체되기는커녕 상승했다고 한다. 예외적으로 일본은 자산시장이 하락했는데, 이는 인구 변화 때문이 아니라 불황에 대한 정부의 실책 때문이다.

『고령화 시대의 경제학』의 저자인 조지 매그너스는 인구 변화로 인한 자산변동은 그저 '관찰'일 뿐이라고 말하며, 인구 절벽론의 이론적 근거인 생애주기 가설이 '실증적으로 맞지 않다'고 지적한다. 인구구조의 변화가 소비패턴의 변화를 부르는 것은 분명 사실이다. 하지만 인구구조의 변화는 속도가 매우 점진적이다. 그래서 경제는 그에 맞춰 반응하고 대응하므로 인구 절벽이 당장 소비시장과 내수의 침체를 부른다는 것은 조금 섣부른 주장이다.

　우리나라의 내수시장을 떠받치는 두 요소는 자산시장과 수출이다. 두 시장이 굳건한 이상에야, 종말론자들이 외치는 '자영업 붕괴'와 같은 위기는 때가 되면 등장했다가 지나고 나면 아무것도 아닌, 흔한 종말론으로 그칠 가능성이 높다. 그리고 정말로 종말을 바라는 것이 아니라면, 두 요소 중 어떤 것이라도 붕괴되기를 희망해서는 안 될 것이다.

희망적인 전망

 우리가 겪는 경제적 고통의 근본 원인을 고려해볼 때, 종말론자들의 이야기와는 달리 현재 자영업자들 앞에 있는 것이 낭떠러지가 아님은 분명하다. 실제로 조금 자세히 들여다보면 절망보다도 희망이 보인다.

한국무역협회의 수출입 통계를 보면, 2017년 1월부터 수출 증가율이 다시 두 자릿수를 회복한 모습이다. 2012~2016년의 매우 처참했던 기록을 감안하면 현재까지의 모습은 긍정적이라 할 수 있다. 특히나 수출과 내수경기가 연동되는 모습을 보이는 우리나라의 경제상황을 감안하면 말이다.

또한 지금도 우리나라의 자영업자 비율은 계속 감소하고 있으며, 이는 모든 나라의 경제발전 과정에서 공통적으로 보이는 현상이다. 선진국의 사례로 예측해보면, 우리나라도 자영업자 비율이 꾸준히 하락하

2017년 월별 수출 증가율   자료: 한국무역협회

1월	2월	3월	4월	5월	6월
11.1%	20.2%	13.1%	23.8%	13.2%	13.6%

고 임금 노동자의 비율은 상승할 것이다. 그래서 장기적으로 자영업자 비율이 OECD 평균인 약 15% 수준이 될 것이다.

자영업자 비율이 33%를 넘던 시기는 자영업자 1인당 임금 노동자 2명인 구조였기에, 그들에게 소비시장은 지옥일 수밖에 없었다. 그러나 앞으로 자영업자 비율이 15% 선으로 하락한다면, 자영업자 1인당 임금 노동자 5,6명이 생기므로 좀 더 안정적인 구조가 될 것이다. 이것은 앞서 말한 바와 같이, 거센 구조조정을 거치고 살아남은 사람들에게 주어진 일종의 보상이라 할 수 있다. 경쟁력을 갖추고 살아남을수록 보상은 점점 커지므로 앞으로의 상황은 과거보다 나아질 것이라 예상할 수 있다.

자영업 관련 제도도 계속 개선되고 있다. 2017년 7월에 국회는 상가임대차보호법의 계약 갱신권 청구 기간을 10년으로 늘렸고, 지금도 다양한 보호장치를 추가하고자 추진 중이다. 과거와 달리, 주요 상권의 임대인들과 지역의 관련 단체들도 임대료의 급등에 따른 부작용을 인지하고 젠트리피케이션을 막기 위한 방안을 추진 중에 있다.

함께 바뀌어야 희망적인 미래

자영업자들도 이런 제도의 개선과 보완에 발맞춰, 스스로의 발목을 잡는 권리금을 점차 폐지하는 방향으로 가야 할 것이다. 이 문제들이 조금씩 진전을 보인다면 지금보다 나은 상황이 될 것은 분명하다.

그러나 이러한 미래는 가만히 앉아서 누릴 수 있는 것이 아니다. 당장 자영업자 비율이 15%까지 하락한다는 것은, 그 과정에서 수많은 자영업자들이 퇴출된다는 것이다. 실제로 지금도 엄청난 퇴출이 발생하고 있다. 그것에서 살아남기 위해서는 끊임없이 경쟁력을 끌어올려야 한다.

전 세계 어디에도 마음 편하게 장사하는 자영업자는 없다. 유명 레스토랑들은 몇 년에 한 번씩 새로운 메뉴로 단장하는가 하면, 끊임없이 연구를 해서 더 나은 서비스와 상품을 제공하고자 노력하고 있다.

아무리 훌륭하고 역사와 전통이 깊은 곳이라도, 결국 소비 트렌드의 변화를 따라가지 못하면 사라지는 것이 전 세계 자영업자들의 현실이다. 독자적인 경쟁력을 향상시키지 못하면 어느 순간 대형 프랜차이즈에 먹히고 만다. 결국 그들은 끊임없이 쫓기며 살고 있는 것이다.

가만히 앉아 있어서는 곤란한 이유가 또 있다. 소비자의 소비 수준이 지속적으로 상승하고 있다는 점이다. 과거 소비문화를 죄악시하던 기성세대와 달리, 현재 젊은 세대에게 소비는 즐거움이자 행복이다. 이를 보여주듯, 2000년대 중반부터 시작된 맛집 열풍이 2010년대 중반부터 미식에 대한 관심으로 한 단계 업그레이드되었다. 이는 소비에 긍정적인 소비자들이 다양한 경험을 통해 취향을 쌓아가고 수준을 끌어올리고 있기 때문이다.

빠른 속도는 아니어도, 소비 수준이 점진적으로 향상되고 있는 것은 확실하다. 만약 소비자의 높아지는 소비 수준을 맞추지 못한다면 더 나은 미래를 맞이하지 못할 가능성이 높다.

정부에서는 자영업자들이 실패하더라도 다시 일어설 수 있는 기회를 제공하겠다고 한다. 그러나 아무리 그런 기회가 있다고 하더라도,

역량을 쌓지 못하면 이런 기회는 사회적 자원의 낭비일 뿐이다.

자영업은 노력으로 되는 사업이 아니다. 노력만으로 가능하다면 5년 내 생존율은 20%대가 아니라 최소 60% 이상은 되어야 한다. 정말로 사업에 관심이 있다면, 지금보다 나은 자영업의 미래를 누리고 싶다면 감각을 키우고 넓은 시야를 가져야 한다. 이것만이 좀 더 희망적인 미래를 누릴 수 있는 길이다.

● 주

1) 주류를 배척하고 인디성을 추구하는 사람들로, 주류를 거부하는 것 자체로 스스로를 표현한다. 이들이 추구하는 비주류적 요소 중 일부는 점차 영향력이 증가함에 따라 주류문화에 편입되는 경향이 있다.
2) 연합뉴스, "카페베네, 점포수 1천 개 돌파 … 2020년까지 1만 개", 2013. 8. 19.
3) 물론 실제로는 본점은 상징성과 중심지라는 특성 때문에 다른 점포보다 교육과 품질관리에 신경을 더 많이 쓴다. 그래서 스타벅스뿐만 아니라 대부분의 프랜차이즈 본점은 다른 점포보다 더 나은 품질의 상품을 만들어낸다.
4) 헤럴드경제, "빙수업계 1위 설빙, 가맹사업법 위반으로 제재 … 공정위 시정명령", 2016. 6. 1.
5) Marine Harvest, "Salmon Farming Industry Handbook 2016".
6) 포트폴리오의 수익률이 자본자산가격결정모형(CAPM)의 균형 수익률보다 얼마나 더 높은지 평가하는 모형이다.
7) 벤치마크를 넘어서는 초과수익률로 펀드의 실적을 평가하는 모형이다.
8) 총 위험 대비 초과수익률로 평가하는 모형이다. 6, 7, 8의 모형은 위험부담을 최소화하면서 수익을 얼마나 극대화했는지를 평가한다는 공통점이 있다.
9) 조선비즈, "'클라우드를 살려라' … 롯데주류 사령탑 올라선 30년 술 영업맨", 2017. 2. 28.
10) New York Times T-Magazine, "Massimo Bottura, the Chef Behind the World's Best Restaurant", 2016. 10. 17.
11) Sciencedaily, "'Bad luck' of random mutations plays predominant role in cancer, study shows," 2015. 1. 1, https://www.sciencedaily.com/releases/2015/01/150101142318.htm.
12) '회사 지하에 터널을 뚫어 회사 재산을 빼돌린다'는 뜻의 경제용어이다.
13) 조선비즈, "식당 원가율 30% 법칙 … 대부분 손익분기점", 2016. 9. 10.
14) 물론 실제로는 그렇지 않다. 평균에 대한 정확한 이해는 편차와 함께 첨도와 왜도를 같이 고려해야 한다. 다만 이해를 쉽게 하기 위해서 정규분포를 가정했다는 점을 밝혀둔다.
15) 한국농수산식품유통공사, "2015년 주요 농산물 유통실태".
16) 여성농업인신문, "유통단계 축소, 농가에 유통비용 전가 우려", 2013. 5. 20.
17) 연합뉴스, "스타벅스 아메리카노, 서울 4,100원 · 뉴욕 2,477원", 2015. 1. 12.
18) JTBC, "매출은 단물, 수익은 쓴물 … 커피 전문점의 눈물", 2015. 3. 16.
19) 한국경제, "畵神 라파엘로 그림, 조수가 그렸다고?", 2012. 6. 27.
20) 아시아경제, "'국민 제품의 배신) 서민음식은 옛말 … 라면, 거센 프리미엄 바람", 2016. 5. 2.
21) 한국은행, "일본의 대형 소매점(SSM) 관련 정책 변화 및 평가", 2009.
22) 신승만, "대형마트 의무 휴업에 따른 소상공인 매출 증대 실태 및 정책적 시사점 - 서울시를 대상으로", 2014.
23) 소상공인진흥원, "소상공인 프랜차이즈 가맹점 실태조사 결과보고서", 2011.

24) 최막중, 신선미, "보행량이 소매업 매출에 미치는 영향에 관한 실증 분석", 2001.
25) 홍성조, 이경환, 안건혁, "상업지역의 가로환경이 보행자의 구매활동에 미치는 영향에 대한 연구", 2010.
26) 최막중, 신선미, 위의 글, 2001.
27) 아시아경제, "빵 팔아 월세 1억 감당 못한다. 5년만에 막내린 강남역 빵전쟁", 2016. 5. 19.
28) 머니투데이, "'버핏, 부동산 투자 공세' … '금 · 채권보다 낫다'", 2017. 6. 27.
29) 한국일보, "정부 '복합 쇼핑몰도 마트처럼 규제' … 유통업계, 성장모델 타격에 초긴장", 2017. 7. 19.
30) 사회문제를 선과 악, 강자와 약자의 문제로 봐서는 곤란한 이유가 여기 있다. 이런 사업자들은 건물주에 비해 약자이지만, 이들 또한 기존 거주민의 거주 터전이나 사업 장소를 자신의 상가 점포로 바꿨다는 점에서 강자이기 때문이다. 이 점에서 우리 모두가 강자인 부분과 약자인 부분이 있고, 이것이 복잡하게 얽혀 있다는 점을 명심해야 이후의 이야기들을 이해하기 쉽다.
31) 조선biz, "뚝섬 일대 골목상권에 프랜차이즈 카페 · 빵집 못 들어선다", 2017. 3. 23.
32) 인천in.com, "'월세 60%' 인상 … 비정상적인 신포동의 임대료", 2016. 12. 13.
33) 우리나라의 상가임대차 계약에는 관습적으로 퇴거 시 임차인의 원상복구 의무조항이 달려 있다. 임대인과 합의하지 않는 이상, 임차인은 반드시 시설을 철거하고 첫 임대차 계약 당시 상태로 원상복구를 해야 한다. 그렇지 않으면 그것을 빌미로 임대인이 보증금 반환을 거절하는 분쟁 사례가 많다.
34) 김정욱, "권리금에 대한 법경제학적 접근", 2011.
35) 김제완, 박현정, 이유나, "상가건물임대차 분쟁사례와 분쟁해결방안 연구 – 상가건물 임대차 보호 국내외 사례 조사", 2015.
36) 허자연, 정연주, 정창무, "상업공간의 젠트리피케이션 과정 및 사업자 변화에 관한 연구", 2015.
37) 현대경제연구원, "자영업자 진입 퇴출 추계와 특징", 2015.
38) 지은정, "경기변동이 자영업 이행에 미치는 영향의 연령집단별 차이 – 구축가설과 유인가설을 중심으로", 2012.
39) 조선비즈, "KEB하나은행, 지점 대형화 · 복합화 … 매년 50개씩 줄인다", 2017. 5. 22.
40) 한승훈, "근로시간 통계 현황 분석", 2015.
41) 통계청, "2015년 한국노동패널조사", 2015.
42) 독일의 경우 통계 누락 기간이 있다.
43) 현대경제연구원, "자영업자 진입 퇴출 추계와 특징", 2015.
44) 통계청, 2016.
45) 연합뉴스, "韓, 세계 6위 수출대국 됐다 … 7년전보다 6계단 상승", 2016. 2. 18.

● 참고자료

강도현, 『골목 사장 분투기: 자영업으로 본 대한민국 경제 생태계』, 2014, 북인더갭.
김정욱, "권리금에 대한 법경제학적 접근", 정책연구시리즈, 2011.4, KDI.
김제완, 박현정, 이유나, "상가건물임대차 분쟁사례와 분쟁해결방안 연구 - 상가건물 임대차
　보호 국내외 사례조사", 2015, 중소기업중앙회.
김규철, 이정일, 김순미 외 3명, "소상공인 프랜차이즈 가맹점 실태조사 결과보고서", 2011,
　소상공인진흥원.
군터 뒤크, 안성철 옮김, 『호황 vs 불황』, 2017, 원더박스.
그레고리 클라크, 이은주 옮김, 『맬서스, 산업혁명 그리고 이해할 수 없는 신세계』, 2009,
　한스미디어.
나심 니콜라스 탈렙, 차익종 옮김, 『블랙스완』, 2008, 동녘사이언스.
나심 니콜라스 탈렙, 이건 옮김, 『행운에 속지 마라』, 2010, 중앙북스.
노진영, 이윤숙, "일본의 대형 소매점(SSM) 관련 정책 변화 및 평가", 해외경제정보 2009-61호,
　2009, 한국은행.
대니얼 카너먼, 이진원 옮김, 『생각에 관한 생각』, 2012, 김영사.
댄 애리얼리, 이경식 옮김, 『거짓말하는 착한 사람들』, 2012, 청림출판.
댄 애리얼리, 김원호 옮김, 『댄 애리얼리 경제심리학』, 2011, 청림출판.
리처드 번스타인, 홍춘욱 옮김, 『리처드 번스타인의 스타일 투자전략』, 2009, 원앤원북스.
소스타인 베블런, 김성균 옮김, 『유한계급론(개정판)』, 2012, 우물이있는집.
스티븐 레빗, 스티븐 더브너, 안진환 옮김, 『괴짜경제학』, 2005, 웅진지식하우스.
신승만, "대형마트 의무휴업에 따른 소상공인 매출 증대 실태 및 정책적 시사점 - 서울시를
　대상으로", 서울도시연구 제15권 제4호, 2014.
에드워드 글레이저, 이진원 옮김, 『도시의 승리』, 2011, 해냄.
애덤 그랜트, 홍지수 옮김, 『오리지널스』, 2016, 한국경제신문.
유현준, 『도시는 무엇으로 사는가』, 2015, 을유문화사.
윤윤채, 박진아, "상업용도 변화 측면에서 본 서울시의 상업 젠트리피케이션 속도 연구",
　서울도시연구 제17권 제4호, 2016.
제인 제이콥스, 유강은 옮김, 『미국 대도시의 죽음과 삶』, 2010, 그린비.
조지 매그너스, 홍지수 옮김, 『고령화 시대의 경제학』, 2010, 부키.
존 메이너드 케인스, 이주명 옮김, 『고용, 이자, 화폐의 일반이론』, 2009, 필맥.
지은정, "경기변동이 자영업 이행에 미치는 영향의 연령집단별 차이", 사회복지연구 제43권
　제2호, 2012.
최막중, 신선미, "보행량이 소매업 매출에 미치는 영향에 관한 실증 분석", 국토계획 제36권 2호,
　2001.

패트릭 맥기니스, 문수민 옮김, 『나는 직장에 다니면서 12개의 사업을 시작했다』, 2016, 비즈니스북스.

한국농수산식품유통공사, "2015 외식업체 식재료 구매현황 조사 보고서", 2015.

한국농수산식품유통공사, "2015 주요 농산물 유통실태 종합", 2015.

한승훈, "근로시간 통계현황 분석", 2015년 하반기 연구보고서 6권, 통계청 통계연구원.

허자연, 정연주, 정창무, "상업공간의 젠트리피케이션 과정 및 사업자 변화에 관한 연구", 서울도시연구 제16권 제2호, 2015. 6.

허자연, "서울시 상업가로의 변천과정에 관한 연구", 2015. 8, 서울대학교 대학원.

현대경제연구원, "자영업자 진입 - 퇴출 추계와 특징", 현안과 과제 제2015권 제4호, 2015.

홍성조, 이경환, 안건혁, "상업지역의 가로환경이 보행자의 구매활동에 미치는 영향에 대한 연구 - 인사동과 문정동 상업가로를 대상으로", 대한건축학회논문집 계획계 제26권 08호, 2010. 8, 대한건축학회.

홍춘욱, 『인구와 투자의 미래』, 2017, 에프엔미디어.

Marine Harvest, "Salmon Farming Industry Handbook 2016", 2016.

공정거래위원회 가맹사업거래, http://franchise.ftc.go.kr

다음 지도, www.map.daum.net

부동산114, www.r114.com

통계청 국가통계포털, www.kosis.kr

한국무역협회 무역통계 K-stat, http://stat.kita.net

CIA The World Factbook, www.cia.gov/library/publications/the-wold-factbook

OECD, http://data.oecd.org

Indexmundi, http://www.indexmundi.com

The World Bank, http://data.worldbank.org